ÜBER DIE METAPHER DES WACHSTUMS
ON THE METAPHOR OF GROWTH

Kunstverein Hannover
16. April — 26. Juni 2011

Kunsthaus Baselland
20. Mai — 10. Juli 2011

Frankfurter Kunstverein
27. Mai — 31. Juli 2011

ÜBER DIE METAPHER DES WACHSTUMS

Christoph Merian Verlag

MARISA ARGENTATO &
PASQUALE PENNACCHIO
BANKLEER
MICHEL BLAZY
MAX BOTTINI
MARK BOULOS
PETER BUGGENHOUT
ARMIN CHODZINSKI
DIRK FLEISCHMANN
SYLVIE FLEURY
ULRICH GEBERT
TUE GREENFORT
KARL HANS JANKE
SAN KELLER
MINDPIRATES
SEBASTIAN MUNDWILER
DAN PETERMAN
THOMAS RENTMEISTER
REYNOLD REYNOLDS
ROBOT (JOHN MILLER, TAKUJI KOGO) / AURA ROSENBERG
MIKA ROTTENBERG
JULIKA RUDELIUS
FRANCK SCURTI
ENE-LIIS SEMPER
GERDA STEINER &
JÖRG LENZLINGER
SUPERFLEX
RACHEL SUSSMAN
LOIS WEINBERGER
ANDREAS ZYBACH

ÜBER DIE METAPHER DES WACHSTUMS
ON THE METAPHOR OF GROWTH

Tue Greenfort
MONNEZA, 2008
C-Prints auf Dibond, 9 Teile
37,4 x 50 cm
Courtesy der Künstler und
Galerie Johann König,
Berlin

GRUSSWORT
CATALOGUE GREETINGS

"Anyone who believes that infinite growth is possible in a finite world is either a madman or an economist." The person who said this—the Englishman Kenneth Boulding (1910—1993)—was an economist. Perhaps within his discipline he was also considered to be "mad," inasmuch as he confronted an economy focused on growth with the necessity of its own contraction. He did this, by the way, with wonderful metaphors: Our imaginative world, Boulding stated, is characterized by a "cowboy economy"—wherein there dominate vast expanses, towering skies, and the unshakeable belief that mankind rules this totality. The imaginative world to which we would have to switch, on the other hand, in order to make our economic process capable of continuing in the future, would be a "space-voyage economy." What is crucial is to develop a cosmopolitan capsule-consciousness which is able to bring into equilibrium both the legitimate expectation of prosperity on the part of the world population, and the scarcity of resources upon the "Spaceship Earth." We will attain this balance if by 2050 there is success in reducing the use of fossil fuels around the world by eighty percent. The Wuppertal Institut für Klima, Umwelt, Energie presents us with these calculations only, in the very next breath, to add up the lost decades which have passed, for instance, since the publication in 1972 of the study "On the Limits of Growth"—decades in which all increases in social-economic knowledge have been pushed to absurdity by the growth of global predatory exploitation. A dismal finding, to be sure.

Ludwig Wittgenstein once formulated the goal of philosophy as follows—"to show a fly the way out of its glass jar." For

„Jeder, der glaubt, dass unendliches Wachstum in einer endlichen Welt möglich ist, ist entweder ein Wahnsinniger oder ein Ökonom." Der dies sagte – der Engländer Kenneth Boulding (1910–1993) –, war Ökonom. Möglicherweise galt er innerhalb seiner Disziplin auch als „wahnsinnig", da er einer auf Wachstum getrimmten Wirtschaft die Notwendigkeit des Schrumpfens vor Augen führte. Er tat dies übrigens mit wunderbaren Metaphern: Unsere Vorstellungswelt, so Boulding, ist geprägt durch eine „Cowboy-Ökonomie" – darin dominieren weite Ebenen, hohe Himmel und der unerschütterliche Glaube, dass der Mensch all dies beherrsche. Auf welche Vorstellungswelt wir dagegen umzusatteln hätten, um unsere Wirtschaftsweise zukunftsfähig zu gestalten, wäre eine „Raumfahrt-Ökonomie". Es kommt darauf an, ein kosmopolitisches Kapsel-Bewusstsein zu entwickeln, das die gerechten Wohlstandserwartungen der Weltbevölkerung mit der Ressourcenknappheit des „Raumschiffs Erde" in Balance zu bringen vermag. Diese Balance erreichen wir, wenn es gelingt, den fossilen Ressourcenverbrauch

a long time now, our problem has consisted, not in a lack of knowledge concerning routes of escape, but in the sluggishness with which humanity moves upon its trajectory through the glass jar. It is possible that the problem accordingly lies in "indicating the routes of escape." It is exactly at this point that the project *On the Metaphor of Growth* brings art into play. In the foreseeable future, artists will not be ratifying laws concerning a decoupling of resource utilization and economic growth. The exhibition demonstrates, however, that artists are able, past all doctrines of growth, to bring forth—as the curators write—an "artistic treatment of the concept of growth." They indicate lines of connection and dependencies which seem strange to us. Among these are the splendid Venetian Murano glass with which Tue Greenfort illustrates the growth of algae in the Adriatic; a project of reforestation in the Philippines through which Dirk Fleischmann criticizes excrescences in global emissions trading; or the ludicrous flooding of a McDonald's restaurant, by means of which the artists' group Superflex alludes to the threatening "growth" in sea levels.

These are only three examples of a marvelous wealth of artistic positions which the project presents at its three locations—the Kunstverein Hannover, the Frankfurter Kunstverein, and the Kunsthaus Baselland—and not least of all, within the framework of this publication. The German Federal Cultural Foundation thanks the teams and the responsibility-carrying directors of these three institutions: René Zechlin in Hannover, Dr. Holger Kube Ventura in Frankfurt, and Sabine Schaschl in Basel. Above all, we express our gratitude to all the participating artists whose works demonstrate so impressively that our knowledge, our ideas, and our energetic determination to see things differently cannot grow enough.

Hortensia Völckers
Vorstand /
Executive Committee
Künstlerische Direktorin /
Artistic Director

Alexander Farenholtz
Vorstand /
Executive Committee
Verwaltungsdirektor /
Administrative Director

Kulturstiftung des Bundes

bis zum Jahr 2050 weltweit um 80 % zu verringern. Diese Zahlen rechnet uns das Wuppertal Institut für Klima, Umwelt, Energie vor, um im nächsten Atemzug die verlorenen Jahrzehnte aufzuzählen, die etwa seit Veröffentlichung der Studie „Über die Grenzen des Wachstums" im Jahr 1972 vergangen sind – Jahrzehnte, in denen alle Zuwächse an sozio-ökologischem Wissen durch das Wachstum des globalen Ressourcenraubbaus ad absurdum geführt worden sind. Ein trister Befund.

Ludwig Wittgenstein hat als Ziel der Philosophie einmal formuliert „der Fliege den Ausweg aus dem Fliegenglas zeigen". Unser Problem besteht schon lange nicht mehr in der Unkenntnis von Fluchtwegen, sondern in der Trägheit, mit der die Menschheit ihre Flugbahn durch das Fliegenglas zieht. Möglicherweise liegt das Problem daher im „Zeigen von Auswegen". Genau an diesem Punkt bringt das Projekt „Über die Metapher des Wachstums" die Kunst ins Spiel. Gesetze zur Entkoppelung von Ressourcenverbrauch und Wirtschaftswachstum werden Künstler in nächster Zeit nicht verabschieden. Die Ausstellung beweist jedoch, dass sie jenseits aller Wachstumsdoktrinen einen – wie die Kuratoren schreiben – „künstlerischen Umgang mit dem Wachstumsdenken" hervorzubringen vermögen. Sie zeigen Verbindungslinien und Abhängigkeiten, die uns fremd erscheinen – prachtvolles venezianisches Murano-Glas, mit dem Tue Greenfort das Algenwachstum in der Adria veranschaulicht, ein Aufforstungsprojekt in den Philippinen, mit dem Dirk Fleischmann Auswüchse des globalen Emissionshandels kritisiert, oder die aberwitzige Überflutung einer McDonald's-Filiale, mit der die Künstlergruppe Superflex auf das bedrohliche „Wachstum" des Meeresspiegels anspielt.

Dies sind nur drei Beispiele einer wunderbaren Fülle von künstlerischen Positionen, die das Projekt an seinen drei Standorten – im Kunstverein Hannover, im Frankfurter Kunstverein und im Kunsthaus Baselland – und nicht zuletzt im Rahmen dieser Publikation zeigt. Die Kulturstiftung des Bundes dankt den Teams und den verantwortlichen Leitern dieser drei Häuser, René Zechlin in Hannover, Dr. Holger Kube Ventura in Frankfurt und Sabine Schaschl in Basel. Vor allem danken wir allen beteiligten Künstlerinnen und Künstlern, deren Arbeiten eindrucksvoll zeigen, dass unser Wissen, unsere Ideen und unsere tatkräftige Entschlossenheit, die Dinge anders zu sehen, gar nicht genug wachsen können.

INHALT CONTENT

GRUSSWORT CATALOGUE GREETINGS 6
Hortensia Völckers, Alexander Farenholtz

ÜBER DIE METAPHER DES WACHSTUMS — ON THE METAPHOR OF GROWTH 10
René Zechlin, Sabine Schaschl, Holger Kube Ventura

WACHSTUM ÜBER ALLES — DIE KARRIERE EINER METAPHER GROWTH ABOVE ALL — THE CAREER OF A METAPHOR 16
Prof. Bernhard H. F. Taureck

A—F 29

Marisa Argentato & Pasquale Pennacchio 30
Bankleer 34
Michel Blazy 36
Max Bottini 38
Mark Boulos 40
Peter Buggenhout 42
Armin Chodzinski 46
Dirk Fleischmann 48
Sylvie Fleury 50

WACHSTUM, WACHSTUM — ZERSTÖRUNG UND MANGEL HINTERGRÜNDIGES ZUM VERHÄLTNIS VON NATUR UND KAPITAL GROWTH, GROWTH — DESTRUCTION AND SCARCITY BACKGROUND INFORMATION ON THE RELATIONSHIP BETWEEN NATURE AND CAPITAL 52
Athanasios Karathanassis

G—P — 65

Ulrich Gebert 66
Tue Greenfort 68
Karl Hans Janke 72
San Keller 76
Mindpirates 78
Sebastian Mundwiler 80
Dan Peterman 82

DER WACHSTUMSZWANG
THE GROWTH IMPERATIVE — 84
Hans Christoph Binswanger

R—Z — 89

Thomas Rentmeister 90
Reynold Reynolds 94
Robot (John Miller, Takuji Kogo) / Aura Rosenberg 98
Mika Rottenberg 100
Julika Rudelius 104
Franck Scurti 106
Ene-Liis Semper 108
Gerda Steiner & Jörg Lenzlinger 110
Superflex 114
Rachel Sussman 116
Lois Weinberger 120
Andreas Zybach 122

IMPRESSUM
COLOPHON — 126

ÜBER DIE METAPHER DES WACHSTUMS
ON THE METAPHOR OF GROWTH

René Zechlin
(Kunstverein Hannover)
Sabine Schaschl
(Kunsthaus Baselland)
Holger Kube Ventura
(Frankfurter Kunstverein)

The concept of "growth" is generally viewed in positive terms, and growth itself is considered to be a worthwhile process. As a term initially assigned to biology, growth suggests a constitutive element of nature itself and appears as something "natural," as a phenomenon which is bound to a superordinate order.

Growth became a guiding value in human civilization which is closely linked to a deeply rooted belief in progress, according to which the existential problems of mankind seem capable of solution through the developments of technology and civilization. For example, genetic technologies promise an optimization of agricultural production and of the pharmaceutical industry, so that it will also be possible in the future to provide for a growing world population and to limit the impact of diseases. Engineering science envisions the sustainable provision of energy through innovative technologies even after the era of fossil fuels, and while in space travel it is becoming increasingly possible to reach the most distant planets, in chemistry and physics ever smaller, basic building blocks are being brought into view, and micro-worlds are being discovered. Digital technologies are accelerating in exponential terms, and in the realm of information technology there is meanwhile talk of a gigantic explosion of knowledge. Possibilities grow and expand, borders are overcome or seem to dissolve into limitlessness—and growth is confirmed as the correct formula for human development. Each process of growth is met with further processes of growth.

In a comprehensive sense, the belief in growth and progress determines the general orientation of a society and the development of its individual members, their maturing and blossoming—such as in the sequence of education, professional career, and establishment of a family. Growth, progress, and the striving thereafter count as sacrosanct axioms, whereas regression is considered to be nothing other than taboo. But even there where it is not a matter of backward motion but of the preservation of a status quo, this seems in humanity's concept of itself to be the less desirable alternative: Standstill and stagnation tend to be labeled as negative, while ongoing, progressive development has a fundamentally positive connotation.

Der Begriff des „Wachstums" wird im Allgemeinen positiv bewertet und das Wachsen selbst als erstrebenswerter Prozess angesehen. Als ein zunächst der Biologie zugeordneter Begriff suggeriert Wachstum etwas Naturgegebenes und erscheint als „natürliches", einer übergeordneten Ordnung verpflichtetes Phänomen.

Wachstum wurde zu einem zivilisatorischen Leitwert, der eng verknüpft ist mit einem tief verwurzelten Fortschrittsglauben, nach dem die existentiellen Probleme der Menschheit durch die Entwicklung von Technologie und Zivilisation lösbar scheinen. Beispielsweise versprechen Gentechnologien die Optimierung der landwirtschaftlichen Produktion und der Pharmazeutik, so dass eine wachsende Weltbevölkerung auch in Zukunft versorgt werden kann und Krankheiten eingeschränkt werden können. Die Ingenieurswissenschaften visionieren eine nachhaltige Energieversorgung durch innovative Technologien auch noch im postfossilen Zeitalter, und während in der Raumfahrt die Erreichbarkeit fernster Planeten zunimmt, werden in Chemie und Physik immer kleinere Grundbausteine erschlossen und neue Mikrowelten entdeckt. Digitaltechnologien beschleunigen sich exponentiell, und im Bereich der Informationstechnologien spricht man mittlerweile von einer gigantischen Wissensexplosion. Die Möglichkeiten wachsen und expandieren, Grenzen werden überwunden oder scheinen in Grenzenlosigkeit aufzugehen – und Wachstum wird als die richtige Formel menschlicher Entwicklung bestätigt. Jedem Wachstum wird mit weiterem Wachstum begegnet.

Im umfassenden Sinne bestimmt der Glaube an das Wachsen und an den Fortschritt die generelle Ausrichtung einer Gesellschaft auf die Entfaltung des Subjekts, auf das Zur-Blüte-Reifen – wie in der Abfolge von Ausbildung, beruflicher Karriere, Familiengründung. Das Wachsen, der Fortschritt und das Streben danach gelten als unbescholtene Axiome, während die Regression geradezu als Tabu erscheint. Doch selbst, wo es nicht um Rückschritt, sondern um die eventuelle Beibehaltung eines Status Quo geht, scheint dies im menschlichen Selbstverständnis zumeist die schlechtere Alternative zu sein: Stillstand und Stagnation sind tendenziell eher negativ und die Fort- und Weiterentwicklung grundsätzlich positiv konnotiert.

Folgt man, in Anlehnung an die Überlegungen von Bernhard H. F. Taureck, dem Begriff des Wachstums als einer der Biologie entlehnten Metapher, so begegnet man einer zweiten Seite, die in der metaphorischen Verwendung

If, with reference to the reflections of Bernhard H. F. Taureck, one examines the concept of growth as a metaphor borrowed from biology, one encounters a second aspect which is most often negated in the metaphorical usage. Organic growth is always defined by a natural limitation; it knows the state of being full-grown and is characterized by the circular process of becoming and decaying. With human beings, on the other hand, even though growing to maturity is viewed as worthwhile, nonetheless there is an attempt to evade the aspect of decay or at least to postpone it, for example through life-extending measures or through the preservation of youth. Stagnation, impermanence, and renewal are phases of the "natural" process but scarcely find acceptance in the metaphorical usage. By designating supposed economic increase with the metaphor of growth, the naturalness of this process is artificially constructed.

Only through the impact of crises does the question with regard to the limitations inherent to growth become apparent: when the accident at Chernobyl destroys the vision of limitless energy; when the recent economic crisis shakes the belief in permanently rising value; when the predictions about an increase in world population or about the development of the global climate sketch out a gloomy future for the world. The dangers lying within mankind's production of limitless growth were already thematized by the Grimm brothers in the fairy tale of the sweet porridge. The porridge, which increased upon command in a marvelous manner and promised to nourish the family for all time, slipped out of control and suddenly threatened to submerge and suffocate the entire town. This fairy tale became a terrifying reality in 2010 with the collapse of the oil platform Deepwater Horizon and the relentless leakage of the prosperity-bringing oil which, as a consequence of the catastrophe, simply would not cease to spew forth.

For some time now, an increasing skepticism has been expressed with regard to permanent growth, not only in scientific circles but also in the cultural sections of newspapers. Growth is no longer timely, the current saying goes. A "new German skepticism about growth" is identified, and the French movement of *décroissance*, namely a repudiation of growth, is credited with an increasing number of adherents. There is talk of a "humane market economy" and of "prosperity without growth."

On the Metaphor of Growth

Über die Metapher des Wachstums

meist negiert wird. Organisches Wachstum ist immer bestimmt durch eine natürliche Grenze, es kennt den Zustand des Ausgewachsenseins und ist geprägt durch den Kreislauf von Werden und Vergehen. Beim Menschen hingegen ist zwar das Erwachsenwerden als Ziel und Teil des Entwicklungsprozesses erstrebenswert, der Seite des Vergehens jedoch versucht er zu entkommen oder sie wenigstens hinauszuzögern, zum Beispiel durch lebensverlängernde Maßnahmen oder durch den Erhalt von Jugendlichkeit. Stagnation, Vergänglichkeit und Erneuerung sind Teil des „Natürlichen", finden aber in der metaphorischen Verwendung kaum Akzeptanz. Durch die Benennung der vermuteten Wirtschaftszunahme mit der Metapher des Wachstums wird deren Natürlichkeit konstruiert.

Erst im Zuge von Krisen wird die Frage nach den Grenzen des Wachstums offenbar: wenn der Unfall in Tschernobyl die Vision unbegrenzter Energie zerstört, wenn die jüngste Wirtschaftskrise den Glauben an permanente Wertsteigerungen erschüttert, wenn bösartige Krebszellen wachsen, wenn Prognosen zum Anstieg der Weltbevölkerung oder zur Entwicklung des globalen Klimas eine düstere Zukunft der Welt skizzieren. Die Gefährlichkeit des vom Menschen produzierten, grenzenlosen Wachstums thematisierten bereits die Gebrüder Grimm mit dem Märchen vom süßen Brei. Der Brei, der sich auf Befehl wundersam vermehrte und die Familie auf ewig zu ernähren versprach, geriet außer Kontrolle und drohte plötzlich, die ganze Stadt zu ersticken. Ein Märchen, das 2010 mit dem Untergang der Ölplattform „Deepwater Horizon" und dem Wohlstand bringenden Erdöl, das in Folge der Katastrophe nicht mehr aufhören wollte zu sprudeln, zu einer erschreckenden Realität geworden war.

Seit einiger Zeit wird nicht nur in wissenschaftlichen Kreisen, sondern auch in den Feuilletons vermehrt Skepsis gegenüber einem permanenten Wachsen geäußert. Wachstum ist nicht mehr zeitgemäß, ertönt es gegenwärtig. Eine „neue deutsche Wachstumsskepsis" wird verortet, und der französischen Bewegung der „décroissance", also der Wachstumsverweigerung, werden steigende Mitgliederzahlen attestiert. Von einer „menschlichen Marktwirtschaft" ist die Rede und von „Wohlstand ohne Wachstum". Immer lauter wird der Ruf nach einem maßvollen und überlegten Umgang mit natürlichen Ressourcen und Rohstoffen, Nachhaltigkeit wird zum Stichwort der Stunde. Seit langem schon verbrauchen wir mehr biologische Ressourcen, als die Erde nachproduzieren kann. Die Organisation „Global Footprint

Network", die 2003 mit dem Ziel, eine nachhaltige Welt zu schaffen, gegründet wurde, spricht diesbezüglich von einem ökologischen „Overshoot". Die Menschheit lebt ökologisch betrachtet auf Pump und verbraucht die vorhandenen Ressourcen, als gäbe es kein Morgen. Vor diesem Hintergrund haben die Ökonomen Joseph Stieglitz (University of Columbia), Amartya Sen (Harvard University) und Jean-Paul Fitoussi (Institut d'études politiques de Paris) das Bruttoinlandsprodukt als internationales Maß für Wirtschaftswachstum in Frage gestellt. Denn es lasse Fragen der Bedrohung von Natur und ihrer Lebewesen sowie der nachhaltigen Nutzung der biologischen Ressourcen außer Acht. Allen diesen Auseinandersetzungen gemeinsam ist die Erkenntnis, dass Wachstum und Umwelt nicht mehr losgekoppelt voneinander diskutiert werden können. Gefragt sind neue Maßstäbe, Fortschrittsformeln und Bemessungsgrundlagen, die wesentlich komplexer über Wachstum reflektieren.

Auf dem Gebiet der kulturellen Produktion ist das Wachstumsdenken als zentrales Prinzip gesellschaftlicher Organisation schon seit längerem ein wichtiges Thema. Künstler nehmen den Begriff des Wachstums und den damit verbundenen Fortschrittsglauben anhand exemplarischer Phänomene zum Anlass für Untersuchungen und Visualisierungen. Ihre Perspektiven und Arbeitsweisen zielen auf Wachstum als Metapher und operieren dabei oft selbst metaphorisch. Deswegen begreifen wir ihre Ergebnisse und Werke als künstlerische und subjektive Entwürfe – weniger als analytische Argumentationen. Wie bei jeder gesellschaftsbezogenen Kunst ist auch die Auseinandersetzung mit solchen Entwürfen getragen von der Hoffnung, dass es gerade der künstlerische Umgang mit dem Wachstumsdenken sein könnte, der in der Lage ist, die notwendige Distanz zur Reflexion dieser zentralen Axiomatik überhaupt herzustellen. Angesichts globaler Bedrohungen wie der Finanzmarkt- und Wirtschaftskrise oder der Klimaveränderung beschäftigen sich Künstler mit dem Wesen des Wachstums und mit seinen Grenzen. Biologische Kreisläufe, mathematische Exponentialformeln, Modelle utopischer Technologien oder kritische Kommentare zur expansiven Ökonomie bilden Ausgangspunkte vieler zeitgenössischer Arbeiten. Es geht beispielsweise um die exemplarische Befragung von Arbeit und Produktivität als zentrale gesellschaftliche Werte, es geht um die ökologischen Auswirkungen und Kehrseiten kapitalistischer Wertschöpfungs-

Sounding louder and louder is the call for a moderate and prudent handling of natural resources and raw materials. Sustaina-bility has become the catchword of the moment. For a long time now, we have been consuming more biological resources than the earth can reproduce. The organization "Global Footprint Network," which was set up in 2003 with the goal of creating a sustainable world, speaks of an ecological overshoot in this regard. From an ecological point of view, humanity is living by borrowing from the future, and it is using available resources as if there were no tomorrow. Against this background, the economists Joseph Stieglitz (Columbia University), Amartya Senn (Harvard University), and Jean-Paul Fitoussi (Institut d'études politiques de Paris) have called into question the gross domestic product as an internationally accepted measurement of economic growth. In their view, this calculation disregards the threat to nature and to its living creatures, as well as the menace to the sustainable use of biological resources. Common to all these investigations is the recognition that growth and environment can no longer be discussed in isolation from each other. There is a need for new standards, formulas for progress, and bases for measurement which reflect upon growth in a much more complex manner.

In the area of cultural production, thought about growth as the fundamental principle of social organization has long been an important theme. On the basis of exemplary phenomena, artists take the concept of growth and the concomitant belief in progress as an inducement for investigations and visualizations. Their perspectives and procedures focus on growth as a metaphor and often operate in a metaphorical manner themselves. Accordingly, we regard their works and output as artistic and subjective creations—and less as analytical argumentation. As with all socially-oriented art, the critical encounter with this sort of creative production is animated by the hope that it could be precisely the artistic response to the thinking about growth which proves to be capable of establishing the necessary distance for reflection concerning these fundamental axioms. In view of global threats such as the financial and economic crises or climate change, artists turn their attention to the essential

On the Metaphor of Growth

nature of growth or to its undeniable limitations. Circular biological flows, mathematical formulas of exponential increase, models of utopian technologies, or critical commentaries on expanding economies serve as the points of departure for many contemporary works of art. It is a matter, for instance, of the exemplary investigation of work and productivity as fundamental social values; it is a matter of the ecological ramifications and obverse aspects in capitalistic interrelationships with regard to the creation of value, or of the abstract nature of money values. It is a matter of the social distinction of "more beautiful, faster, further," of powerlessness in view of the imperatives of growth, and of the mask which promises happiness through consumption. But it is also a matter of the fascination which can lie in limitless possibilities, of the beauty of autonomously growing structures, of desired proliferation, delirium, and loss of control.

This thematic tendency crystallizing in the domain of contemporary art provides the exhibition project *On the Metaphor of Growth* with an extensive platform. The Kunstverein Hannover, the Frankfurter Kunstverein, and the Kunsthaus Baselland have jointly assembled a pool of artists out of which, for each of the three institutions, an individual exhibition has been composed which is tailored to the characteristics of the respective institution and to its local requirements. Each exhibition establishes a different focus, sets various facets into mutual relation, and is marked by varying curatorial considerations. On view in the three exhibitions are artistic examinations of the concept of growth which clarify its current ambivalence in economic, biological, and social contexts.

The present publication documents all three exhibitions and interweaves the various strands of the project. The works of the artists—their reflections, reactions and responses with regard to specific forms of the concept of growth—constitute the core, complemented by scholarly observations, which thoughtfully critiques the compulsion towards growth and succinctly summarizes the current state of discussion.

zusammenhänge und um die Abstraktheit von Geldwerten. Es geht um die soziale Distinktion des „schöner, schneller, weiter", um Ohnmacht angesichts von Wachstums-Imperativen und um die Maske der Glücksversprechen des Konsums. Es geht aber auch um die Faszination, die in der Unbegrenztheit der Möglichkeiten liegen kann, um die Schönheit autonom wachsender Strukturen, um gewünschte Wucherungen, Taumel und Kontrollverluste.

Dieser sich im Bereich der zeitgenössischen Kunst herausbildenden, thematischen Tendenz gibt das Ausstellungsprojekt „Über die Metapher des Wachstums" eine große Plattform. Der Kunstverein Hannover, der Frankfurter Kunstverein und das Kunsthaus Baselland haben gemeinsam einen Pool von Künstlern zusammengestellt, aus dem heraus für jede der drei Institutionen eine eigene Ausstellung komponiert wurde, die auf die jeweilige Charakteristik der Institution und ihre lokalen Anforderungen abgestimmt ist. Jede Ausstellung folgt unterschiedlichen Schwerpunkten, stellt unterschiedliche Facetten einander gegenüber und trägt die Handschrift jeweils unterschiedlicher kuratorischer Überlegungen. In den drei Ausstellungen werden künstlerische Auseinandersetzungen mit dem Begriff des Wachsens präsentiert, die dessen heutige Ambivalenz in wirtschaftlichen, biologischen und gesellschaftlichen Kontexten verdeutlichen.

Die vorliegende Publikation dokumentiert alle drei Ausstellungen und führt die verschiedenen Stränge des Projekts zusammen. Die Werke der Künstler, ihre Überlegungen, Reaktionen und Antworten auf spezifische Formen des Wachstumsdenkens bilden den Kern, ergänzt von wissenschaftlichen Betrachtungen, die den Wachstumszwang hinterfragen und den derzeitigen Diskussionsstand auf den Punkt bringen.

Über die Metapher des Wachstums

Argentato / Pennacchio
URLAUBSGELD, 2008
Metalldraht, Lack,
deutsches Rubbellos /
Metalwire, lacquer,
German scratchcard
Courtesy T293

WACHSTUM ÜBER ALLES — DIE KARRIERE EINER METAPHER
GROWTH ABOVE ALL — THE CAREER OF A METAPHOR

Prof. Bernhard H. F. Taureck

We all most certainly take pleasure when something grows up around us: flowers, our children, our modest fortune, the gross national product, pensions, and of course the economy as a whole. Growth is positive and signals to us that everything is okay.

Or maybe not? All the talk about growth, which we of course encounter everywhere precisely in this era of financial crises, has a fundamental weak point. It operates with a metaphor whose formulation is "the economy is growing", and this metaphor suggests to us that growth proceeds quite naturally. The economy grows just like a tree. But what exactly does that mean? How does an economy grow, can it do that at all? All these questions are not resolved through metaphors, because metaphors are extremely imprecise. And for this very reason, the talk about growth distorts our view of the actual problems of the financial crisis.

Everyone who has delved somewhat into the causes of this crisis will know where those problems lie: For decade after decade, the main focus was on stimulating and increasing the demand for goods and services. But the population did not have enough money to buy more and ever more. How could an increase in demand be achieved? Clever banks knew the answer—through the ample issuing of credit. Previously, loans were linked to reliable securities and repayments. Is that necessary when it is a matter of increasing demand?

No. So the model was devised of making loans to anyone who wanted one. Loans which are not repaid represent losses to those who make them. Many loans which are not repaid are many losses. The sum of many losses creates insolvency, and many insolvencies lead to a widespread crisis. In this explanation, it must not be forgotten what lies in the background: It is considered to be our most sacred, our highest value, it is regarded as the foundation of our prosperity, our democracy. What are we talking about? Growth in the economy means an increase in the gross domestic product during a fixed period. Demand is supposed to rise so that economic growth can take place. But can an economy really grow? Or is perhaps something not correct when one speaks of economic growth?

There are three types of reaction to that global financial and economic crisis which has become obvious throughout the world since September and October 2008: a pragmatic, a dogmatic, and a skeptical one.

Wir haben es doch alle ganz gerne, wenn etwas um uns herum wächst: Die Blumen, unsere Kinder, unser kleines Vermögen, das Bruttosozialprodukt, die Renten und natürlich die Wirtschaft insgesamt. Wachstum ist schön und signalisiert uns: Es ist alles in Ordnung.

Oder doch nicht? Die Rede vom Wachstum, die uns natürlich gerade jetzt in Finanzkrisenzeiten überall erreicht, hat einen entscheidenden Schwachpunkt: Sie operiert mit einer Metapher, die lautet: Die Wirtschaft wächst, und diese Metapher suggeriert uns, das Wachstum laufe ganz natürlich ab. Die Wirtschaft wächst eben wie ein Baum. Doch was bedeutet das genau? Wie wächst eine Wirtschaft, kann sie das überhaupt? Alle diese Fragen werden durch Metaphern nicht gelöst, weil Metaphern höchst unpräzise sind. Und genau deshalb verstellt uns die Rede vom Wachstum den Blick auf die eigentlichen Probleme der Finanzkrise.

Jeder, der sich ein wenig mit den Ursachen dieser Krise beschäftigt, wird wissen, worin sie liegen: Es ging über Jahrzehnte hindurch darum, die Güternachfrage zu stimulieren und zu steigern. Doch die Bevölkerung besaß gar nicht genügend Geld, um mehr und immer mehr zu kaufen. Wie konnte es dann zu einer Erhöhung der Nachfrage kommen? Die cleveren Banken wussten die Antwort: Kredite. Kredite waren vormals an Sicherheiten und Rückzahlungen gebunden. Ist das nötig, wenn es um die Erhöhung der Nachfrage geht?

Nein. So erfand man das Modell der Kreditvergabe an jeden, der Kredite wollte. Kredite, die nicht zurückgezahlt werden, sind Verluste der Gläubiger. Viele Kredite, die nicht zurückgezahlt werden, sind viele Verluste. Und die Summe vieler Verluste ergibt Zahlungsunfähigkeit, viele Zahlungsunfähigkeiten führen in eine allgemeine Krise. Bei dieser Erklärung darf nicht vergessen werden, was im Hintergrund steht: Es gilt als unser Heiligstes, unser größter Wert, es gilt als Grundlage unseres Wohlergehens, unserer Demokratie. Worum es sich handelt? Das Wachsen der Wirtschaft, das heißt die Zunahme des Bruttoinlandproduktes in einer Periode. Die Nachfrage sollte wachsen, damit Wirtschaftswachstum stattfindet. Kann Wirtschaft jedoch wirklich wachsen? Oder stimmt vielleicht etwas nicht, wenn man von Wirtschaftswachstum spricht?

Auf die seit September und Oktober 2008 weltweit offenkundige globale Finanz- und Wirtschaftskrise gibt es drei Arten der Reaktion: Eine pragmatische, eine dogmatische und eine skeptische.

Wachstum über Alles —
Die Karriere einer Metapher

Vorausgesetzt, dass alle nach bestem Wissen hilfreich sein wollen, ist dabei Folgendes zu beobachten: Die pragmatische Reaktion möchte bestehende Institutionen der Politik und Wirtschaft nicht antasten, sondern sucht, sie wieder funktionsfähig zu machen. Der Motor, der zum Stillstand kam, könnte vielleicht wieder anspringen. Reparieren wir, glauben wir an ihn und glauben wir vor allem an uns! Diese Reaktion wird vermutlich noch immer von der Mehrzahl geteilt.

Die dogmatische Reaktion sagt beispielsweise: Es gibt bestimmte Zyklen der Wirtschaft und der Politik. Wir befinden uns derzeit an dieser oder jener Stelle. Was kommen wird, ist dieses oder jenes. Nichts ist auf Dauer verloren. Nach Ablauf bestimmter Zyklen wird es wieder Wohlstand für alle geben. In der Wachstumstheorie wird indes angenommen, dass die Globalkonjunktur im Rhythmus oder im Zyklus von 50 Jahren infolge technischer Neuerungen trotz gewisser Abschwünge wächst. Diese Zyklen werden „Kondratieff-Zyklen" genannt. Ihre Eckdaten heißen: 1800 (Dampfmaschine, mechanischer Webstuhl), 1850 (Eisenbahn, Telegrafie, Fotografie), 1900 (Ottomotor, Elektrifizierung), 1950 (Kunststoffe, Fernsehen, Kernkraft, Raumfahrt), 2000 (Telekommunikation, Mikroelektronik, Gentechnologie). Doch abgesehen davon, dass diese Zyklenannahme empirisch an wichtigen Stellen nicht zutrifft, so entspricht diesen fünf Kondratieff-Zyklen von 1800 bis 2000 keine Zyklik des Längenwachstums, weder von Pflanzen noch von Tieren noch von Menschen.

Wie wird die Zukunft aussehen? Die Demokratien werden entweder wegschmelzen. Oder es wird die Zeit der echten Demokratie kommen. Man erkennt, dass die Prognosekraft weder beim Pragmatiker noch beim Dogmatiker sonderlich stark oder sicher ist. Der Pragmatiker hofft – der Dogmatiker traut der Zukunft Entgegengesetztes zu. Der Pragmatiker kennt nur Konstellationen, keine Gesetzmäßigkeiten. Der Dogmatiker kennt nur Gesetzmäßigkeiten, jedoch keine Konstellationen. Was tut der Skeptiker? Die folgenden Überlegungen, die sich als begründete und produktive Skepsis im Hinblick auf die Großkrise verstehen, versuchen, darauf eine Antwort zu geben.

Ein Mensch ist etwa mit zwanzig Jahren ausgewachsen. Ein Hund etwa mit einem Jahr. Ein Baum braucht länger. Menschen, Pflanzen und Tiere wachsen nur eine gewisse Zeit, dann gilt: Sie sind ausgewachsen. Im Unterschied zu Pflanzen und wild lebenden Tieren können Menschen jedoch

Presupposing that everyone desires to be helpful according to his best knowledge, the following observation must be made: The pragmatic reaction does not wish to call into question existing political and economic institutions, but instead seeks to render them once again capable of functioning. The motor which has come to a standstill could just maybe start up again. Let us make repairs, let us believe in it, and above all let us believe in ourselves! This is the reaction which most likely is shared by a majority of individuals.

The dogmatic reaction says, for example: There are certain cycles in economics and politics. At the moment, we are situated at this or that point. What will come is this or that. Nothing is lost permanently. At the end of certain cycles, there will again be prosperity for everyone. Meanwhile, in the theory of growth it is assumed that the global economic cycle grows in the rhythm or the cycle of fifty years due to technical innovations, in spite of certain declines. These cycles are called "Kondratiev long-wave cycles." Their benchmark data are: 1800 (steam engine, mechanical loom), 1850 (railway, telegraph, photography), 1900 (gasoline engine, electrification), 1950 (plastics, television, nuclear power, space travel), 2000 (telecommunications, microelectronics, genetic technology). But even disregarding the fact that this supposition of cycles is not confirmed empirically at important points along the way, these five Kondratiev cycles from 1800 to 2000 find no corresponding cycle of long-term growth, neither with plants nor animals nor human beings.

How will the future look? Either democracies will melt away, or an era of genuine democracy will come. One recognizes that predictive power is not particularly strong or certain with the pragmatists or the dogmatists. The pragmatist hopes, while the dogmatist allows for contrary possibilities in the future. The pragmatist knows only constellations, not regularities. The dogmatist knows only regularities, but no constellations. What does the skeptic do? The following considerations, which conceive of themselves as a well-founded and productive skepticism with regard to the profound crisis, attempt to provide an answer to this question.

A human being is full-grown at around the age of twenty, as is a dog at the age of one. A tree requires longer. Human beings, plants, and animals only grow for a

Growth above All —
The Career of a Metaphor

Reynold Reynolds
SECRET LIFE
2008
2-Kanal-Videoprojektion, 16 mm auf DVD
5 Min.
Videostill, Detail
Courtesy Galerie Zink München Berlin

ohne Mühe eine eigentümliche Zunahme erfahren: Sie wachsen nicht mehr in die Höhe, sondern in die Breite. Sie werden dicker, sie werden übergewichtig. Übergewicht führt gern zu Krankheiten und gar zum Tod. In den westlichen Gesellschaften bedroht es Kinder und Erwachsene. Nun redet man allerorten vom Wachstum der Wirtschaft. Doch welche Art des Wachstums ist damit gemeint? Die eines Baumes, einer Frucht, eines Kätzchens, eines Kindes? Oder ist an eine Zunahme gedacht wie beim Übergewicht vieler Menschen? Oder existiert ein Wachstum dritter Art, das noch keinen Namen hat? Es wundert, dass diese Frage bislang kaum gestellt wurde, folglich fehlt es an Antworten. Dafür wird eine andere Antwort gegeben, die ihrerseits einen Nachteil besitzt: Es fehlt die Frage. Die Antwort auf eine nicht formulierte Frage hat verschiedene Varianten. Sie lauten zum Beispiel: „Fortlaufendes Wirtschaftswachstum ist notwendig!" Oder: „Ohne fortlaufendes Wirtschaftswachstum kein Wohlstand!" Oder: „Entweder wächst die Wirtschaft fortwährend, oder es gibt gar keine Wirtschaft!" Die Frage, die vor allem von jenen nicht gestellt wird, die sich als Manager, Feuerwehrleute oder Helfer der Globalkrise verstehen und anbieten, müsste vermutlich lauten: „Ist ein Wachstum von Gütererzeugung und Gütertausch eigentlich möglich?"

Diese Frage müsste probeweise mithilfe der verschiedenen Bedeutungen von „Wachstum" beantwortet werden. So ergibt sich erstens: Wäre das Wirtschaftswachstum ein organisches wie bei Pflanze, Tier und Mensch, dann müsste es von selbst zum Erliegen kommen. Auch die Wirtschaft müsste auswachsen, und sei es erst nach vielen Jahrzehnten. Sie müsste auswachsen wie eine Eiche oder eine Zeder. Doch

certain period of time, then they are said to be full-grown. In contrast to plants and animals living in the wild, however, human beings can experience with no effort a peculiar increase: they no longer grow vertically, but horizontally. They become more plump, they become overweight. Excess weight tends to cause disease and even death. In Western societies, this threatens children and adults. Now there is talk everywhere of growth in the economy. But what sort of growth is meant is this regard? That of a tree, a fruit, a cat, a child? Or is there thought of an increase as with the excessive heaviness of many people? Or does there exist a growth of the third type, one which does not yet have a name? It is surprising that this question has scarcely been raised up to now; accordingly, there is a lack of answers. In place thereof, another answer is given which, for its part, has a disadvantage: The question is missing. The answer to an unformulated question has different variants. For example, it states: "Continuous economic growth is necessary!" Or: "No prosperity without ongoing economic growth!" Or: "Either the economy grows continuously, or there is no economy at all!" The question which above all others is not raised by those who consider themselves to be and offer their services as managers, firemen, or helpers in the global crisis, would probably be expressed as follows: "Is growth in the production and exchange of goods actually possible?"

This question must be answered on a trial basis with the help of the various meanings of "growth." What first becomes apparent is that if economic growth were organic as with plants, animals, and humans, then it would have to come to a standstill on its own. And the economy itself would have to come to an end, even if after many decades. It would have to disappear in time, like an oak or a cedar. But this does not seem to be what is meant here. The growth of the economy is imagined to have absolutely no limits to which it could be set in relation. Economic science asserts that there is no empirical evidence to suggest that the exponential increases in the gross domestic product of any period whatever have tended towards saturation. In order for that to happen, there would have to be a continuous increase in the rate of savings by every individual—something which is clearly not the case. The consequence of this, however, is that economic growth

Growth above All —
The Career of a Metaphor

is not organic growth, for it knows no state in which increase has come to an end. One is reminded in this context of the age-old joke in which the father of an infant gets scared upon calculating that his child is increasing in weight so rapidly that, at the age of fifteen, it could easily weigh a ton or even more. Coming to expression here as comic exaggeration are the ruinous repercussions of the mixture of natural growth and artificial increase. Natural growth comes to be forgotten and can no longer be perceived in its own saturation. The rate of increase in the weight of the infant is extended linearly.

How is it with the second type of growth, namely increase as overweight? If the economy were an increase of obesity, its continuous growth would constitute an increase in a state of disease. Is this what is wanted? Or is it accepted as part of the bargain? Or does one not wish for it but not know how to avoid it? There would remain a third type of growth. It would have to occur as with animals, humans, and plants, but would not be subject to an upper limit. This type of growth is not known. Could the economy represent a heretofore unknown, living being? This question has not yet been answered. Connected with it is something surprising and dangerous which will be discussed later.

So we do not get any further here but must do so, because there exists a deep crisis in the economy. "Crisis" is originally a medical expression and indicates a period during which it is decided whether the state of a sick person will proceed towards recovery or towards exacerbation. Accordingly, "crisis" was and is the expression for an occurrence which, on its own as it were, is resolved in our favor or against us. Thus we do not know where the deep crisis is headed. But we can seek counsel from those who, a long time ago, gave consideration to the growth of the economy.

In his writing about the State, Plato speaks of the foundation of all cognition and being. For him, this foundation consists of the fact that there is something which bestows knowledge and existence. Plato makes this clear through the example of the sun. Without its light, we could not see anything, because it would be utterly dark on the earth. So the sun is an image for the fact that there must be something which enables us to achieve knowledge and prosperity. Plato calls this "the idea of the good." One of the points in this consideration, relevant even today,

dies scheint man nicht zu meinen. Das Wachstum der Wirtschaft stellt man sich so vor, dass es keine Grenze gibt, auf die es überhaupt bezogen werden könnte. Es gibt, so die Ökonomie, keine empirischen Belege dafür, dass die exponentiellen Zuwächse des Bruttoinlandsproduktes in irgendeiner Periode einer Sättigung zustrebten. Damit das geschähe, müsste eine durchgängige Zunahme des Sparverhaltens aller erfolgen – was nicht der Fall ist. Daraus aber folgt: Das Wirtschaftswachstum ist kein organisches Wachstum, denn es kennt keinen Zustand des Ausgewachsenseins.

In diesem Zusammenhang ist an jenen alten Witz zu erinnern, in dem der Vater eines Säuglings Angst bekommt, weil er ausrechnet, dass das Kind so rasch an Gewicht zunimmt, dass es mit 15 Jahren durchaus eine Tonne und mehr wiegen könnte. Hier zeigt sich in Gestalt komischer Übertreibung die verderbliche Rückwirkung der Vermischung von natürlichem Wachstum und künstlicher Zunahme. Das natürliche Wachstum gerät in Vergessenheit und vermag nicht mehr in seiner eigenen Sättigung wahrgenommen zu werden. Die Zunahme des Säuglings wird linear verlängert.

Wie verhält es sich mit der zweiten Art des Wachsens, der Zunahme als Übergewicht? Wäre die Wirtschaft eine Zunahme der Fettleibigkeit, wäre ihr fortgesetztes Wachstum eine Zunahme eines Krankheitszustands. Will man dies? Oder nimmt man es in Kauf? Oder will man es nicht, weiß es aber nicht zu vermeiden? Es bliebe eine dritte Art des Wachsens. Sie müsste geschehen wie bei Tieren, Menschen, Pflanzen, jedoch keine Obergrenze kennen. Ein solches Wachsen ist nicht bekannt. Soll die Wirtschaft ein noch unbekanntes Lebewesen sein? Diese Frage ist noch nicht beantwortet. Mit ihr hängt etwas Überraschendes und Gefährliches zusammen, wovon später noch die Rede sein soll.

Wir gelangen hier also nicht weiter, müssten es jedoch, da die Großkrise der Wirtschaft da ist. „Krise" ist ursprünglich ein Ausdruck aus der Medizin und meint eine Zeit, in welcher sich entscheidet, ob der Zustand eines Kranken sich zur Gesundung oder zur Verschlimmerung neigt. Krisis war und ist also ein Ausdruck für ein Geschehen, das sich gleichsam von selbst zu unseren Gunsten oder gegen uns entscheidet. Wir wissen daher nicht, wohin die Großkrise tendiert. Doch wir können Rat suchen bei denjenigen, die das Wachstum von Wirtschaft schon vor langer Zeit bedachten.

Wachstum über Alles —
Die Karriere einer Metapher

Platon spricht in seiner Schrift über den Staat von der Grundlage allen Erkennens und Seins. Diese Grundlage besteht für ihn darin, dass es etwas gibt, was Erkennen und Dasein spendet. Platon verdeutlicht dies am Beispiel der Sonne. Ohne deren Licht könnten wir nichts sehen, denn es wäre völlig dunkel auf der Erde. Ohne deren Licht und Wärme gäbe es allerdings auch kein Gedeihen von Lebewesen auf unserem Planeten. Die Sonne ist also ein Bild dafür, dass es etwas geben müsste, was uns Erkennen und Gedeihen ermöglicht. Dies nennt Platon „die Idee des Guten". Eine der bis heute bedeutsamen Pointen dieser Überlegung besteht in der Verschiedenheit zweier Bereiche, des Bereichs von Wachsen und Vergehen und des Bereichs der Wärme- und Lichtspendung. Das natürliche Wachstum hängt ab von Wärme und Licht. Doch das, was Wärme und Licht spendet, kennt selbst kein Wachstum und wird auch durch die Abgabe von Wärme und Licht nicht gemindert. Wollte man sich dagegen, gibt Platon zu verstehen, die „Idee des Guten" als Kapital vorstellen, das sich verzinst, stelle man eine täuschende Rechnung auf. In einer im Grunde einfachen Überlegung ist es Platon gelungen, die Vorstellung eines wirtschaftlichen Wachstums gar nicht erst zuzulassen. Was wächst, sind Pflanzen, Tiere und Menschen. Sie wachsen sich aus und vergehen wiederum. Was die Bedingungen dafür spendet, dass sie gedeihen – eben die Sonne – erfährt durch sein Spenden keinen Zuwachs, das heißt es verzinst sich nicht. Die Sonne und jene „Idee des Guten" sind in dem Maße Garanten für natürliches Wachstum, Sehen und Erkennen, in welchem sie sich nicht verzinsen. Das „Gute" im ursprünglichsten Sinn ist etwas, das ohne Wachstum besteht. Die Vorstellung eines wirtschaftlichen Wachstums wird ausgeschlossen und ferngehalten. Das heißt nicht, dass es keine Geldverzinsung gibt oder geben darf. Es heißt lediglich, dass Geldverzinsung kein Wachstum, sondern eine Zunahme ist, die mit natürlichem Wachstum nichts zu tun hat.

Diese Abwehr der Vorstellung, dass es Wirtschaftswachstum gibt und geben müsse, kehrt auch in der Neuzeit wieder. Doch es kommt zugleich eine andere Tendenz zum Vorschein. Mitte des 18. Jahrhunderts war nämlich zu lesen: „Bedenke, dass Geld von einer *zeugungsfähigen und fruchtbaren Natur* ist. Geld kann Geld erzeugen, und die Sprösslinge können noch mehr erzeugen und so fort. Fünf Schillinge umgeschlagen sind sechs, wieder umgetrieben sieben Schilling drei Pence und so fort, bis es hundert Pfund Sterling sind. Je mehr davon vorhanden ist, desto mehr erzeugt

consists of the difference between two areas: the area of growth and decay, and the area of the provision of warmth and light. Natural growth depends on warmth and light. But that which provides warmth and light does not itself experience any growth, nor is it reduced by the release of warmth and light. If on the other hand, Plato argues, one were to consider the "idea of the good" to be capital which accumulates interest, this would be a deceptive calculation. In a basically simple deliberation, Plato succeeds in not allowing in the first place the very notion of economic growth. It is plants, animals, and human beings which grow. They grow to maturity, then decline and die. That which bestows the conditions under which they flourish—namely the sun—does not experience any increase through this bestowal, in other words it does not accumulate any interest. The sun and the "idea of the good" serve as guarantees for natural growth, vision and cognition to the extent that they do not accrue interest. In the most original sense, the "good" is something which exists without growth. The concept of economic growth is excluded and kept at a distance. This does not mean that there is not or should not be any payment of interest on money. It means only that an interest yield does not constitute growth, but is instead an increase which has nothing to do with natural growth.

This repudiation of the notion that there is and must be such a thing as economic growth reappears in modern times as well. But at the same time, another tendency comes to the fore. At the middle of the eighteenth century, namely, the following could be read: "Remember, that money is of the *prolific, generating nature*. Money can beget money, and its offspring can beget more, and so on. Five shillings turned is six, turned again it is seven and three-pence, and so on till it becomes a hundred pounds. The more there is of it, the more it produces every turning, so that the profits rise quicker and quicker, he that kills a breeding sow, destroys all her offspring to the thousandth generation. He that murders a crown, destroys all that it might have produced, even scores of pounds."

The sociologist Max Weber considers this text to enunciate the "spirit of capitalism." It was not by accident that the text arose, not in Europe, but in North America. It comes from the famous

Peter Buggenhout
THE BLIND LEADING THE BLIND #13
2007
Polyurethan, Aluminium, Haare, Eisen, Holz, Plastik,
Textil, Staub, Schutt / Polyurethane, aluminium, hair,
iron, wood, plastic, textile, dust, debris
104 x 97 x 77 cm
Courtesy Collection Mauerstetten, Deutschland

Benjamin Franklin who later would participate in the formulation of the Declaration of Independence by the USA with respect to England. In *Advice to a Young Tradesman* (1748), Franklin speaks, not only of the growth of money, but also of an increase in the profit which it produces. He treats money, however, as a living creature which is fertile and productive. It creates offspring which engenders further offspring. Inasmuch as it is a living creature, money can also be murdered. Although Franklin does not speak expressly of growth, he indicates a reason why, in his opinion, money is extraordinarily capable of growth. It is prolific. It augments itself just like a population of pigs or rabbits. The individual animal grows only to a certain size, but the entire population of an unrestrainedly increasing species of animal expands exponentially.

Benjamin Franklin thereby gave expression to a way of thinking which became characteristic of North America. Right down to today, its consequences have not really been thought through, although the collapse of the international financial markets, along with the subsequent economic crisis, is hammered into the awareness of everyone day after day.

What did Franklin actually discover, or at least give expression to? Perhaps one can formulate it in this way: In the growth of the economy, there is a second growth, namely the increase in money or in the imagination, expectation and organization of the increase in money. This second growth is the growth of growth. Not only does the economy grow, but this growth itself has a marvelous capability: It grows, this occurs as a growth of growth. This could be the third type of growth, about which there was earlier a lack of clarity as to what at all it could consist of.

If a growth in the economy perhaps gives rise to an inappropriate concept, the increase in money may certainly be understood as growth in terms of the unchecked rise in an animal population. Economic growth may be unproblematic, but the growth of growth is a fascinating phenomenon. Thus it occurs that an inappropriate notion—growth of the economy—brings along with itself a second concept, namely that of the growth of growth and the possibilities for its procurement.

The possibility of procuring a growth of growth seems to have kept society in its clutches. One could certainly speak of an obsession not dissimilar to that

*Growth above All —
The Career of a Metaphor*

*Wachstum über Alles —
Die Karriere einer Metapher*

das Geld beim Umschlag, so dass der Nutzen schneller und immer schneller steigt. Wer ein Mutterschwein tötet, vernichtet dessen ganze Nachkommenschaft bis ins tausendste Glied. Wer ein Fünfschillingstück umbringt, *mordet* alles, was damit hätte produziert werden können: ganze Kolonnen von Pfunden Sterling."

Für den Soziologen Max Weber spricht aus diesem Text der „Geist des Kapitalismus". Nicht zufällig entstand der Text nicht in Europa, sondern in Nordamerika. Er stammt von jenem berühmten Benjamin Franklin, der später an der Konzeption der Unabhängigkeitserklärung der USA gegenüber England mitwirkte. Franklin spricht nicht von einem Wachstum des Geldes, sondern von einem Steigen des Nutzens, den es bringt. Allerdings behandelt er das Geld wie ein Lebewesen, das fruchtbar und zeugungsfähig ist. Es zeugt Nachkommen, die wiederum Nachkommen zeugen. Das Geld vermag, weil es ein Lebewesen ist, auch ermordet zu werden. Obwohl Franklin nicht ausdrücklich von Wachstum spricht, gibt er einen Grund an, weshalb Geld seiner Überzeugung nach außergewöhnlich wachstumsfähig ist: Es ist vermehrungsfähig. Es vermehrt sich wie eine Population Schweine oder Kaninchen. Das einzelne Tier wächst zwar nur bis zu einer bestimmten Größe, doch die gesamte Population einer sich ungehindert vermehrenden Tierart nimmt exponentiell zu.

Damit hat Benjamin Franklin einem Denken Ausdruck verschafft, das in Nordamerika prägend wurde. Die Folgen sind bis heute noch nicht wirklich durchdacht, obwohl der Einbruch der internationalen Finanzmärkte mit nachfolgender Wirtschaftskrise allen Menschen täglich bewusst wird.

Was eigentlich hat Franklin entdeckt oder zumindest zum Ausdruck gebracht? Vielleicht darf man es so formulieren: Im Wachsen der Wirtschaft gibt es ein zweites Wachstum, nämlich die Geldvermehrung oder die Vorstellung, die Erwartung und die Organisation von Geldvermehrung. Dieses zweite Wachstum ist ein *Wachsen des Wachstums*. Nicht nur die Wirtschaft wächst, sondern das Wachstum selbst besitzt eine wunderbare Fähigkeit: Es wächst, es geschieht als ein Wachstum des Wachstums. Dies könnte jene dritte Art des Wachstums sein, von der zuvor nicht klar war, worin sie überhaupt bestehen könnte.

Mag ein Wirtschaftswachstum vielleicht eine unpassende Vorstellung ergeben, die Geldvermehrung darf als Wachstum wie das ungehinderte Anwachsen einer Tierpopulation

Wachstum über Alles —
Die Karriere einer Metapher

verstanden werden. Wirtschaftliches Wachstum mag problematisch sein, das Wachstum des Wachstums dagegen ist ein Faszinosum. So geschieht es, dass eine unpassende Vorstellung – Wachstum der Wirtschaft – eine zweite nach sich zieht, die des Wachstums des Wachstums und die Möglichkeiten seiner Herbeiführung.

Die Möglichkeit einer Herbeiführung eines Wachstums des Wachstums scheint die Gesellschaft nicht mehr losgelassen zu haben. Es ließe sich durchaus von einer Besessenheit sprechen, nicht unähnlich jener der Alchemisten, die aus unedlen Stoffen das edle Gold herstellen wollten. Der bisher letzte Schrei einer Alchemie des Wachstums des Wachstums war der Einfall, mit Kreditversicherungen der Banken einen Wetthandel zu betreiben. Dabei vermehrten sich die Steigerungen in eine stratosphärische Zone jenseits der Millionen. Man rechnete nur noch in Milliardengewinnen (Euro und Dollar) und seit September 2008 in Milliardenverlusten und Milliardenhilfen. Bei der Diskussion um die „Agenda 2010" 2002 und 2003 wurde das Gespenst einer Gefährdung Deutschlands beschworen, wenn es nicht gelänge, zwei bis drei Milliarden Sozialkosten zu sparen. Inzwischen werden in wenigen Tagen 500 Milliarden Euro bewilligt, um Banken zu stützen, deren Beitrag zum Ganzen darin bestand, das Gesamtsystem in die Krise zu steuern. Man erkennt an dieser Summe übrigens, dass das Wachstum ohne Obergrenzen nicht nur eine abstrakte Vorstellung darstellt, sondern ungehindert politisches Alltagshandeln bestimmt. Ist es Wahnsinn, so hat es, um mit Shakespeare zu sprechen, doch Methode. Und hat es Methode, bleibt es dennoch Wahnsinn.

Dies sind also zwei Wurzeln der Irrtumsökonomie, der Economy of Error, die auch als Produktion von Großblasen verstanden wird, deren Haut mit zunehmender Vergrößerung der Blase dünner und dünner wird, so dass das luftige Gebilde nicht nicht zu platzen vermag: wirtschaftliches Wachstum und wirtschaftliches Wachstum des Wachstums.

Nun ließe sich einwenden, dass hier entweder eine Metapher verwendet wird oder dass diese Metapher bereits zur Beschreibung realer Vorgänge geworden ist. Gegen beides sei aber grundsätzlich nichts einzuwenden. Wir sprechen schließlich auch metaphorisch von den „Massen" des Volkes und übertragen den physikalischen Begriff der Masse auf menschliche Bevölkerung. Oder wir sprechen in der Physik von „Trägheit" und übertragen damit einen psycholo-

of the alchemists, who sought to create precious gold out of non-precious substances. What up to now has been the latest fashion in the alchemy of a growth of growth was the idea of conducting a global trade in the credit assurances issued by banks. The rises in value thereby ascended into a stratospheric zone beyond millions. There were calculations of profit only in terms of billions of euros and dollars, and since September 2008, of billions of losses as well as billions of government assistance. During the discussion of the *Agenda 2010* during in 2002 and 2003, the ghost was summoned up of an overwhelming danger to Germany if it were not possible to achieve savings of two to three billion euros in the social services. In the meantime, 500 billion euros are authorized within a few days to prop up those banks whose contribution to the whole affair consisted in steering the entire system into the crisis. With this sum one recognizes, by the way, that growth without an upper limit not only represents an abstract idea but also unrestrainedly determines daily political activity. There is method in this madness, to quote Shakespeare. And even with its method, it still remains madness.

So these are two roots of the economy of error, which can also be understood as the production of gigantic bubbles whose filmy surface becomes thinner and thinner with an accelerating increase in the bubble, so that the airy construct cannot fail to burst: economic growth and economic growth of growth.

Now it could be argued that here either a metaphor is being used, or that this metaphor has already become the description of actual events. But there is fundamentally no contrary response to either objection. We in fact also speak metaphorically of "masses" of people and transfer the notion of physical mass onto the human population. Or in physics we speak of "inertia" and thereby apply a psychological term to the inanimate bodies of physics. Or we transfer the astrophysical term of "revolution" as circular movement onto political history. So why should it not also be permissible to apply the biological concept of growth to economic processes? Why should in this case something not function which otherwise occurs effortlessly?

There are two aspects to this objection: Economic growth is a metaphor, or it is a metaphor which has already become

Growth above All —
The Career of a Metaphor

a description of reality. One must spell out exactly what is meant in each case. So let us assume that the talk both of economic growth and of growth of growth is metaphorical, a manner of speaking involving the transfer of referential context. Then what is true is that it is not meant literally. Whoever uses a metaphor knows that things cannot be as they are stated as being. The sun cannot laugh. It would not laugh even if we could tickle it. It remains beyond dispute that it nonetheless makes sense and and is meaningful to use metaphors. If economic growth constitutes a metaphor, then in this case it is also true that everyone who uses it makes this implicit assertion: Of course the economy does not actually grow, in other words not like a tree, a cat, or a human being. Likewise, it does not grow in the manner of a growth of growth. For financial increase does not occur through procreation, as with the expansion of a rabbit population, but the financial volume rises because it has been so established and is regulated in this manner by people themselves. Most likely all those who have to do with the economy would immediately admit this. But they would also quickly notice that if there is no real economic growth, then the economy seems stripped of its enchantment. It then comes to lack what which makes it so extremely attractive, namely the fact that, although it is a human creation through and through, it nonetheless flourishes like something natural. So the issue is not resolved through the metaphor of growth. The metaphor will always indicate a divergence from what is actually the case. The metaphor will always lie, regardless of how much truth it contains.

For this reason, a shift must be made to the second possibility: The metaphor of growth must serve as a description of the economy, as a description which is no longer duplicitous as is the metaphor. But this does not function as in the case of the "revolution" which in 1789 abruptly changed from an astronomical metaphor into a description of political overthrow and upheaval. Economic growth remains a metaphor in which, upon close scrutiny, one notices that there is no truly natural-organic flourishing of an economy. The objection of metaphorical nature thereby takes on a new sense: Economic growth and its growth of growth do not extend past the status of an image, yet no effort is spared to create the impression that the economy is growing and prospering.

gischen Ausdruck auf die unbelebten Körper der Physik. Oder wir übertragen den astrophysikalischen Begriff der „Revolution" als Rotationsbewegung auf die politische Geschichte. Warum sollte es also nicht erlaubt sein, den biologischen Begriff des Wachstums auf Vorgänge der Wirtschaft zu übertragen? Warum soll in diesem Fall nicht funktionieren, was sonst mühelos gelingt?

Dieser Einwand enthält zwei Teile: Wirtschaftswachstum ist Metapher oder es ist eine Metapher, die bereits zur Wirklichkeitsbeschreibung wurde. Man muss sich verdeutlichen, was in beiden Fällen jeweils gemeint ist. Unterstellen wir also, die Rede vom Wirtschaftswachstum und vom Wachstum des Wachstums sei eine metaphorische, eine übertragende Redeweise. Dann gilt: Sie wird nicht wörtlich gemeint. Wer eine Metapher benutzt, weiß, dass es so nicht sein kann, wie er es aussagt. Die Sonne kann nicht lachen. Sie würde auch dann nicht lachen, wenn wir sie kitzeln könnten. Dass es trotzdem sinn- und bedeutungsvoll ist, Metaphern zu verwenden, bleibt unbestritten. Wenn Wirtschaftswachstum eine Metapher darstellt, so gilt auch in ihrem Fall, dass jeder, der sie verwendet, zum Ausdruck bringt: Natürlich wächst die Wirtschaft nicht wirklich, das heißt nicht wie ein Baum, eine Katze oder ein Mensch. Ebenso wächst sie nicht in der Weise eines Wachstums des Wachstums. Denn die Finanzvermehrung geschieht ja nicht durch Zeugung wie beim Größerwerden einer Kaninchenpopulation, sondern das Finanzvolumen nimmt zu, weil sie von Menschen so eingerichtet und geregelt ist. Vermutlich würden alle, die mit Wirtschaft zu tun haben, dies sofort zugestehen. Doch sie würden auch rasch bemerken: Wenn es kein wirkliches Wirtschaftswachstum gibt, wirkt die Wirtschaft entzaubert. Es fehlt ihr dann, was sie so überaus anziehend macht: Dass sie, obwohl sie durch und durch Menschenwerk darstellt, obwohl sie durch und durch künstlich ist, dennoch wie etwas Naturhaftes gedeiht. Mit der Metapher des Wachstums ist es daher nicht getan. Die Metapher wird stets Abweichung von dem anzeigen, was der Fall ist. Die Metapher wird immer lügen, so viel Wahrheit sie auch immer enthalten mag.

Aus diesem Grund muss zur zweiten Möglichkeit gewechselt werden: Die Wachstumsmetapher muss als Beschreibung der Wirtschaft dienen, als Beschreibung, die nicht mehr lügt wie die Metapher. Doch das funktioniert nicht so wie im Fall der „Revolution", die 1789 von einer

*Growth above All —
The Career of a Metaphor*

Thus our common agreement concerning a growing economy, long considered to be self-evident, is in fact deeply disingenuous. It seems that there is need of a comforting relief, a vivid illusion which guarantees that one is not exposed without protection to the actual economy. Even warnings about an impending, severe crisis could be systematically ignored in this way. The belief in the power of the economy to grow, which constitutes a systematic self-deception, proved to be stronger. Thus is revealed what is most likely the actual game: One knows that there is not and cannot be an economy which is a living creature and grows as a living creature. But one also knows that, by means of financial increase, it is possible to establish and organize a growth of growth which ultimately can be allowed to determine the entire range of social reality. Financial increase seems here to correspond completely to a rise in the population of rabbits and other animals. The discovery and obsessive practice of the financial growth of growth possesses a motivating power for which the price of an illusion is willingly paid—the illusion of a mistaking of artificial for natural increase. A population of rabbits or kangaroos is always real. With it, there can never happen that which can occur in the case of an increase in money, namely that a large sum must not indicate a credit but can mean a debit, and that the increase of debits belongs to the slump, to the crash, to the catastrophe of the very system upon which one was so obsessed with basing the entire economy and society. In contrast, the increase in a natural population always remains a credit. There are only positively existing rabbits; a negatively existing animal would be like a piece of iron which is supposed to consist of wood.

Here we once again touch upon the deep crisis of the global economic system. The pragmatics put their hope in the possibility of repairing it. But of what use is the skeptical viewpoint to us? How does it help us who are all, as a consequence of the crisis, threatened with fear and hardship, inasmuch as the system lays, as a shameless matter of course and without the slightest hesitation, the damages caused by only a few persons as a burden upon the entire society? By the way, the enormous profits were also not socialized. In the USA alone, seventy-five percent of the profits accrued to one percent of the population—growth as the enrichment of a minority. Must skepticism simply bow

astronomischen Metapher schlagartig zu einer Beschreibung von politischem Umsturz und von Umwälzung wurde. Wirtschaftswachstum bleibt bei genauem Hinsehen eine Metapher, der man ansieht, dass es kein wirklich naturhaft-organisches Gedeihen einer Wirtschaft gibt. Damit enthält der Einwand der Metaphorik einen neuen Sinn: Das wirtschaftliche Wachstum und ihr Wachstum von Wachstum gelangen über ein Bild nicht hinaus, doch setzt man alles daran, dass der Anschein entsteht, die Wirtschaft wachse und gedeihe.

Unsere seit langem selbstverständlich gewordene Verständigung über eine wachsende Wirtschaft ist daher zutiefst unaufrichtig. Es scheint, dass man eine Entlastung, eine starke Illusion benötigt, die dafür sorgt, dass man der tatsächlichen Wirtschaft nicht schutzlos ausgesetzt ist. Selbst Warnungen vor einer großen Krise konnten auf diese Weise systematisch ignoriert werden. Der Glaube an die Wachstumskraft der Wirtschaft, der ein systematischer Selbstbetrug ist, erwies sich als stärker. Damit wird sichtbar, was vermutlich eigentlich gespielt wird: Man weiß, dass es keine Wirtschaft gibt und geben kann, die ein Lebewesen ist und als Lebewesen wächst. Doch man weiß auch, dass man mit der Finanzvermehrung ein Wachstum des Wachstums einrichten, organisieren und am Ende alle gesellschaftliche Wirklichkeit bestimmen lassen kann. Die Finanzvermehrung scheint dabei der Populationsvermehrung von Kaninchen und anderen Tieren vollständig zu gleichen. Die Entdeckung und die obsessive Praxis des finanziellen Wachstums des Wachstums besitzt eine Motivationskraft, für die der Preis einer Illusion offenbar gern gezahlt wird: die Illusion einer Verwechslung künstlicher mit natürlicher Vermehrung. Eine Kaninchen- oder Känguru-Population ist immer real. Bei ihr kann niemals geschehen, was bei einem Geldzuwachs passieren kann: Dass eine große Summe kein Haben anzeigen muss, sondern ein Soll meinen kann, und dass die Zunahme von Soll-Summen zum Einbruch, zum Absturz, zur Katastrophe desjenigen Systems gehört, auf das man die gesamte Wirtschaft und die Gesellschaft zu gründen besessen war. Die Vermehrung einer natürlichen Population bleibt dagegen immer ein Haben. Es gibt nur positiv existierende Kaninchen, ein negativ existierendes Tier wäre wie ein Eisen, das aus Holz bestehen soll.

Damit sind wir wieder bei der großen Krise des globalen Wirtschaftssystems angelangt. Die Pragmatiker setzen darauf, dass es sich reparieren lässt. Was aber hilft uns die skep-

*Wachstum über Alles —
Die Karriere einer Metapher*

tische Sicht, was hilft sie uns, die wir alle gemeinsam als Folge der Großkrise mit Furcht und Not bedroht werden, da das System den von wenigen Menschen verursachten Schaden schamfrei selbstverständlich und ohne das geringste Zögern der Gesellschaft insgesamt als Last aufbürdet? Übrigens waren auch die Riesengewinne nicht sozialisiert. Allein in den USA entfielen 75 Prozent der Gewinne auf 1 Prozent der Bevölkerung: Wachstum als Bereicherung einer Minorität. Muss Skepsis hier nicht passen und erscheint sie insofern nicht ebenso widerwärtig wie das, was sie kritisiert?

Bevor man die Skepsis verdächtigt und verdammt, sollte man zweierlei bedenken: Erstens ließe sich die Rede vom Wachstum der Wirtschaft ersetzen durch „Zunahme" und „zunehmen". Beide Wörter vermeiden die gefährliche Suggestion eines naturhaften, organischen Vorgangs. Wenn es im Wirtschaftsgeschehen so rational und kalkulierend zugeht, wie stets verbreitet wird, dann passt die Verwendung des Wortes „Zunahme" doch sicherlich mehr als die unvernünftige Vermischung von Wirtschaft und Lebewesen. Wendet man ein, das Wort „Zunahme" mag, etwas undeutlich ausgesprochen, als „Tsunami" verstanden werden, so wäre dies am Ende erwünscht. Die Rede von wirtschaftlicher Zunahme sollte durchaus die Gefahr eines „Tsunami" anzeigen. Ein Zweites kommt hinzu. Wenn die Vermischung von Wirtschaft und natürlichen organischen Vorgängen erst einmal durchschaut ist, wird man mit Recht fragen, was eigentlich bleibt, und vielleicht, was denn als etwas Gutes überhaupt übrig bliebe. Dies bietet Anlass, sich an Platons Überlegung zu erinnern, der zufolge es etwas gibt, das sich weder vermehrt wie Kapital mit seinen Zinsen noch vermindert wie ein Rohstoffvorrat und das zugleich – wie die Sonne – Licht und Gedeihen spendet. Wir brauchen Platons Lehren nicht zu übernehmen. Als Impuls jedoch, etwas zu denken, das als Gutes deshalb Bestand hätte, weil es gerade nicht zu- und abnimmt, dürfte es sich lohnen.

In diesem Sinne ist eine Wende zu erneuerbaren, genauer müsste man sagen: nicht ausschöpfbaren Energiequellen zwar absehbar, aber noch immer nicht wirksam vollzogen. Doch unsere Zukunft könnte so aussehen, dass unsere Gewinne und Zuwächse gebunden bleiben an Quellen, die weder wachsen noch abnehmen, obwohl sie genutzt werden. Bliebe sie dagegen an die Chimäre eines Wachstums ohne Sättigung gebunden, würden alle Bindungen reißen, die eine Gesellschaft zusammenzuhalten vermögen.

out here, so that it seems to be just as repugnant as that which it criticizes?

Before suspecting and damning skepticism, one should give consideration to two points: First, the talk of growth in the economy could be replaced by "increase", as both a noun and a verb. Both avoid the dangerous suggestion of a natural, organic process. If things proceed with such rational calculation in the economic realm as is always claimed, then the use of the word "increase" is certainly much more appropriate than the unreasonable mixture of economy and living creature. If one counters that *Zunahme*, the German word for "increase", when pronounced somewhat indistinctly can be understood as "tsunami", then this would ultimately be considered to be desirable. The talk of economic increase should definitely indicate the danger of a tsunami. In addition, there is a second consideration. When the blending of the economy and natural organic processes has once been seen through, then one will justifiably ask what actually remains, and perhaps what at all would remain as something good. This furnishes an inducement to recall Plato's deliberations, according to which there is something which neither increases like capital with its interest, nor lessens like a store of raw materials, and which at the same time—like the sun—furnishes light and prosperity. We do not have to adhere to Plato's teachings. But it is certainly worthwhile to take them as an impulse to conceive of something which has constancy in its goodness precisely because it neither increases nor decreases.

In this sense, a turn to renewable, or more precisely, to non-exhaustible sources of energy is admittedly foreseeable, but has not yet been effectively achieved. Yet our future could so appear that our profits and increases remain linked to sources which neither grow nor dwindle away, even though they are utilized. If, on the other hand, it were to remain connected to the chimaera of growth without saturation, all the bonds would break which are able to hold a society together.

The economy remains our destiny, as Walter Rathenau remarked at the beginning of the last century. Today and in the future, what matters is that it not become our doom. Karl Marx, who currently is once again widely in vogue, wrote during the nineteenth century: "*Even an entire society*, a nation, indeed all simultaneous societies taken together, are not the owners of the earth. They are only its holders, its beneficiaries, and as *boni patres familiae*, they are obliged *to leave it in an improved state for subsequent generations.*" He thereby demonstrates a deep solidarity with Plato's thoughts of a good not subject to diminution or augmentation, which is always of use to us without our having to create or aggrandize it.

In order not to be misunderstood: Our societies will not be able to finance themselves without increases in the production of goods and services. But these increases are not growth; they will not and can never produce growth. We have grown accustomed to viewing them as processes of growth, but we should discard this habit. If there were a growth in the economy, then it would behave like a natural process. Our responsibility would then be limited simply to allowing growth to attain its validity. In this case, growth would be a socially and politically neutral process. This, however, is precisely what it is not. For in reality, our economic responsibility extends much further. We are the ones who invest, we produce, we consume, and we decide which increases we want for which purposes. If we were to act with this awareness in the social field, then there would be a chance that the current crisis be mastered and not simply be combated, and ultimately that future crises could be prevented.

ABOUT THE AUTHOR

Bernhard H. F. Taureck (*1943). 1972 Doctoral degree at the Universität Tübingen. Dissertation on mathematical and transcendental identity. 1986 post-doctoral lectural qualification at the Universität Hamburg on Nietzsche's alternatives to nihilism (Hamburg: Junius 1991). Publications since the nineteen-eighties especially on Nietzsche's philosophy, French philosophy in the twentieth century, as well as political philosophy. 2004 publication of *Metaphern und Gleichnisse in der Philosophie* as the first volume of a three-volume study. Since then, philosophical metaphorology has been the central focus of Taureck's scholarly work.

A SELECTION OF HIS BOOKS

— *Die Antworten der Philosophen. Ein Lexikon*, Paderborn: Wilhelm Fink 2009.
— *Don Quijote als gelebte Metapher*, Paderborn: Wilhelm Fink 2008.
— *Zwischen den Bildern. Metaphernkritische Essays über Liberalismus und Revolution*, Hamburg: Merus 2006.
— *Metaphern und Gleichnisse in der Philosophie*, Frankfurt am Main: Suhrkamp 2004.

Growth above All —
The Career of a Metaphor

Wachstum über Alles —
Die Karriere einer Metapher

Die Wirtschaft sei, wie Walter Rathenau zu Beginn des letzten Jahrhunderts bemerkte, unser Schicksal. Heute und künftig kommt es darauf an, dass sie nicht unser Verhängnis wird. „*Selbst eine ganze Gesellschaft, eine Nation, ja alle gleichzeitigen Gesellschaften zusammengenommen, sind nicht Eigentümer der Erde. Sie sind nur ihre Besitzer, ihre Nutznießer, und haben sie als boni patres familiae den nachfolgenden Generationen verbessert zu hinterlassen*", schrieb der derzeit wieder stark beachtete Karl Marx im 19. Jahrhundert. Er beweist damit eine tiefe Solidarität mit Platons Gedanken eines der Minderung und Mehrung entzogenen Guten, das uns immer schon nützt, ohne dass wir dafür sorgen müssten, es zu erzeugen oder zu mehren.

Um nicht missverstanden zu werden: Unsere Gesellschaften werden sich nicht finanzieren können ohne Zunahmen der Güterproduktion. Doch diese Zunahmen sind kein Wachstum, sie werden und können niemals ein Wachstum ergeben. Zwar haben wir uns daran gewöhnt, sie als Wachstumsprozesse anzusehen, doch diese Gewohnheit sollten wir beenden. Gäbe es ein Wachstum der Wirtschaft, dann verhielte sich dieses wie ein Naturvorgang. Unsere Verantwortung beschränkte sich dann lediglich darauf, das Wachsen zur Geltung kommen zu lassen. Das Wachsen wäre in diesem Fall ein gesellschaftlich und politisch neutraler Prozess. Das allerdings ist er genau nicht. In Wirklichkeit nämlich reicht unsere wirtschaftliche Verantwortung viel weiter. Wir sind es, die investieren, wir produzieren, wir konsumieren, und wir entscheiden, welche Zunahmen wir für welche Zwecke wollen. Wenn wir in diesem Bewusstsein gesellschaftlich handeln würden, bestünde eine Chance, dass die gegenwärtige Krise gemeistert und nicht nur bekämpft wird und dass am Ende künftige Krisen verhindert werden könnten.

ZUM AUTOR

Bernhard H. F. Taureck (*1943). 1972 Promotion an der Universität Tübingen. Dissertation über mathematische und transzendentale Identität. 1986 Habilitation an der Universität Hamburg über Nietzsches Alternativen zum Nihilismus (Hamburg: Junius 1991). Publikationen seit den 1980er Jahren vor allem zur Philosophie Nietzsches, zur französischen Philosophie des 20. Jahrhunderts sowie zur politischen Philosophie. 2004 Veröffentlichung von „Metaphern und Gleichnisse in der Philosophie" als erster Band einer auf drei Bände angelegten Studie. Seither steht die philosophische Metaphorologie im Zentrum von Taurecks wissenschaftlicher Arbeit.

AUSWAHL SEINER BÜCHER

— Die Antworten der Philosophen. Ein Lexikon, Paderborn: Wilhelm Fink 2009.
— Don Quijote als gelebte Metapher, Paderborn: Wilhelm Fink 2008.
— Zwischen den Bildern. Metaphernkritische Essays über Liberalismus und Revolution, Hamburg: Merus 2006.
— Metaphern und Gleichnisse in der Philosophie, Frankfurt/Main: Suhrkamp 2004.

MARISA ARGENTATO & PASQUALE PENNACCHIO

Die künstlerische Arbeit von Marisa Argentato & Pasquale Pennacchio (geboren 1977/1979, leben in Berlin) dreht sich um Produktionsbedingungen, um Zusammenhänge von Arbeit, Geld und Wertschöpfung und um damit verbundene Versprechen auf ein Vorankommen des Individuums. Die Skulpturen „Urlaubsgeld" (2009) und „Seven Eleven" (2009) visualisieren die abstrakte Hoffnung auf plötzlichen Reichtum. Sie bestehen aus an der Wand hängenden Metalldrahtkonstruktionen, die an Gestelle von Wäsche- oder Geschirrtrockner erinnern und deren spektralfarben emaillierte Streben auf der Wand als gemalte Linien verlängert wurden. Dadurch wird unklar, welche Teile der Werke dreidimensional – und damit „real" – sind und wo die zweidimensionale Illusion beginnt. Ein jeweils angehängtes Rubbellos stellt Bezüge her zwischen dem geometrischen Vorstellungsvermögen des Betrachters und den Wunschträumen von Glücksspielern: Den optischen Täuschungen des Kunstwerks hinsichtlich Farbe und Form entsprechen die (Selbst-)Täuschungen, dass das nächste Spiel endlich den großen Gewinn bringen könnte.

Bei „In the realm of the bidimensional" (2008) wurde ein gewöhnlicher Transport- oder Einkaufswagen ohne Bodenplatte als flaches zweidimensionales Gitter an die Wand gelehnt. Da zwei der vier Rollräder durch kleinere Räder ersetzt wurden und das ursprünglich graue Metallgitter nun einen zentrierten Farbverlauf aufweist, erscheint die Skulptur dennoch dreidimensional. Zwischen den Gittern klemmt eine gefälschte Euro-Banknote, die die Echtheit und den Status der gesamten Installation in Frage zu stellen scheint. Verweist sie auf den Arbeitslohn eines Lageristen oder auf das Budget eines Einkaufs? Falsches Geld für falsche Arbeit bzw. falsche Produkte? Auch hier stellt das Künstlerduo eine Verbindung her zwischen der Wahrnehmungs- und Erkenntnisfähigkeit des Menschen. Die dreidimensionalen Objekte im Raum rufen zweidimensionale Bilder vor unserem geistigen Auge hervor, die zu weitergehenden Reflexionen über ihre Bedeutung führen.

Das Video „Modern Relics" (2008) bezieht sich auf Pier Paolo Pasolinis berühmten Film „La Ricotta" (1962). Erzählt wurde darin von einer Filmproduktion zur Passion Christi und gleichzeitig vom ausschweifenden und korrupten Leben, das sich am und hinter dem Filmset abspielt. Pasolini ging es um die Falschheit der filmischen Illusion im Vergleich zur Realität ihrer Produktion, die selbst jedoch ebenfalls nur im Film existiert. In der Eingangsszene von „La Ricotta" sind zwei Männer mit freiem Oberkörper zu sehen, die vor einem reich gedeckten Tisch zu einem Schlager tanzen. Im Video von Argentato & Pennacchio wird genau diese Szene auf eine illegale italienische Müllkippe verlagert. An die Stelle des überladen gedeckten und an Stillleben aus dem 17. Jahrhundert erinnernden Tisches bei Pasolini treten Reste und Abfälle, moderne Hinterlassenschaften, vielleicht die Altlasten der Moderne.

Das Video „I got a good job" (2006) zeigt eine einzige Einstellung ohne Ton: Die Silhouette einer Industrielandschaft entpuppt sich auf den zweiten Blick als geöffnete, leere Konservenbüchse auf einem Grashügel, dahinter bewegt sich ein Baukran geschäftig hin und her. Im Hintergrund geht die Sonne auf und verändert das morgendliche Licht von orange zu gelb. Die Sonne – nach Platon die „Idee des Guten", weil sie Erkennen und Gedeihen spendet, ohne dabei selbst jemals gemindert zu werden – steigt auf ins Firmament und produziert eine idyllische Trias aus Arbeit, Essen und Leben. Ein trügerisches Bild.

The artistic work of Marisa Argentato & Pasquale Pennacchio (born in 1977/1979, living in Berlin) focuses on factors of production, on the interrelations of labor, money and value creation and on the promise of individual progress associated with it. The sculptures "Urlaubsgeld" (2009) and "Seven Eleven" (2009) visualize the abstract hope for sudden wealth. They consist of metal wire constructions hanging on the wall that remind one of clotheshorses or dish driers and whose prismatically colored enamel struts are extended as painted lines on the wall. It is therefore unclear which parts of the works are three-dimensional—and therefore "real"—and where the two-dimensional illusion begins. A scratch card hung onto each establishes a relation between the geometrical imagination of the viewer and the dreams of gamblers: The art work's optical illusions in regard to color and form correspond with the (self-)deceptive hope that the next game may finally bring the big prize.

I GOT A GOOD JOB
2007
Video
Courtesy T293

In the case of "In the realm of the bi-dimensional" (2008), an ordinary transport or shopping trolley without a base plate is leaned against the wall as a flat two-dimensional grid. Since two of the four wheels were replaced by smaller ones and the original grey metal grid now reveals a centered gradient, the sculpture appears to be three-dimensional all the same. There's a counterfeit euro bill stuck in the grid that seems to call into question the authenticity and status of the entire installation. Does it refer to the wage of a warehouse worker or a shopping budget? Forged money for false labor or for false products? Here, too, the artist duo establishes a connection between the human ability of perception and cognition. The three-dimensional objects in space evoke two-dimensional images in our mind's eye, leading to further reflections on their meaning.

The video "Modern Relics" (2008) refers to Pier Paolo Pasolini's famous film "La Ricotta" (1962). It tells the story of a film production on the Passion of Christ and at the same time relates the dissipated and corrupt life on and behind the film set. Pasolini's issue was the falsity of the cinematic illusion compared to the reality of its production—which, however, also only exists in the film. In the opening scene of "La Ricotta," one sees two men stripped to the waist dancing to a popular song in front of an abundantly set table. In the video of Argentato & Pennacchio, precisely this scene is shifted to an illegal Italian rubbish dump. Pasolini's overladen table reminiscent of a 17th-century still life is replaced by remains and scraps, modern leftovers, perhaps the dangerous waste of modernity.

The video "I got a good job" (2006) shows a single shot without sound: When taking a closer look, the silhouette of an industrial landscape turns out to be an opened empty tin can on a grassy hill, behind which a construction crane moves back and forth. The sun rises in the background changing the morning light from orange to yellow. The sun—according to Plato the "Idea of the Good" because it offers knowledge and prosperity without ever diminishing—rises in the heavens and produces an idyllic triad of work, food and life. A deceptive image.

MODERN RELICS
2008
DVD-video mit Ton /
DVD-video with sound
Courtesy T293

IN THE REALM OF THE BIDIMENSIONAL
2008
Wagen, Lack, gefälschter 50-Euro-Schein /
Trolley, lacquer, fake 50 euro banknote
Courtesy Galerie Opdahl

BANKLEER

Das Berliner Künstler-Duo bankleer (Karin Kasböck und Christoph Leitner, geboren 1969/1968, leben in Berlin) produziert bühnenhafte Installationen, partizipatorische Ereignisse, Workshops, Spiele und Videoserien zu philosophischen und ökonomiekritischen Themen. Ausgangspunkt sind stets gesellschaftliche Prozesse, denen sich die Gruppe über mehrere ineinander übergehende Projekte hinweg nähert – eine Technik, die bankleer als „kubistischen Situationismus" bezeichnet. Sie wechseln häufig den Kontext und arbeiten im öffentlichen Raum genauso wie in Kunstinstitutionen. Mit Aktionen und Performances, dokufiktionalen Videos und Techniken des Expanded Cinema werden aktuell geführte Diskurse in Praxisformen übersetzt, um mit dem Publikum in aktive Kommunikation zu treten. Im Zentrum vieler Projekte von bankleer steht die kritische Hinterfragung gesellschaftlicher Annahmen zur sozialen und ökonomischen Organisation. Dabei thematisieren sie die Alternativlosigkeit zum kapitalistischen Wirtschaftssystem sowie den gesellschaftlichen Stellenwert von Arbeit und Produktivität.

Spätestens im 20. Jahrhundert etablierten sich sowohl die materielle als auch die geistige Produktivität des Einzelnen als fundamentale Bestandteile eines emanzipativen Gesellschaftsentwurfs. Seitdem gehören die Sinnhaftigkeit von Arbeit und die Wertschöpfung daraus zu den grundsätzlichen Postulaten einer auf Wachstum, Fortschritt und Expansion programmierten Bildungsgesellschaft. In den Projekten von bankleer werden solche Postulate in situativen Experimenten überspitzt, die zu deren Bewusstwerdung verleiten sollen. Letztlich geht es der Künstlergruppe darum, gemeinsam mit ihrem Publikum das Jenseits von Markt und kapitalistischen Strukturen zu denken, Bilder von diesem Ort und seinen Möglichkeiten zu entwerfen und sie in gelebte Entwürfe zu übersetzen. Als Projektionsflächen dafür tauchen in einigen von bankleers Arbeiten hypertrophe Wesen auf, die sich auf die eine oder andere Weise aus der menschlichen Gestalt ableiten, den Raum des Realen aber bereits verlassen zu haben scheinen: marginalisierte Existenzen, die offenbar am Rande der Gesellschaft zu deren unkontrollierbarem Rest mutierten, als schlechtes Gewissen, als Gespenster oder Zombies. Zuweilen scheinen sie als abschreckende Mahnung gegen die Auswüchse einer ausgrenzenden Leistungsgesellschaft gemeint zu sein, zuweilen scheint in ihnen aber auch ein revolutionäres Potential zu stecken, das nur erweckt werden müsste.

Eine solche ambivalente Figur taucht auch in der neuen Installation von bankleer auf, die eigens für die Ausstellung „Über die Metapher des Wachstums" im Frankfurter Kunstverein produziert wurde: Da hat offenbar jemand seine Büroarbeit am Schreibtisch wie unter Schock unterbrochen und aus dem Mobiliar eine improvisierte Aufstiegshilfe gebaut – entweder, um sich zu erhängen oder um die Decke durchstoßen und die Begrenzung des realen Raums negieren zu können. Die in der Installation verwendeten Elemente spielen darauf an, dass es sich hier um eine Szene aus der Branche des Finanzmarktes handelt. In Erinnerung gerufen wird dadurch sowohl die schockhafte Finanzkrise 2008 als auch das nachfolgende Ausbleiben wirkungsvoller Regulierungen dieser Branche: Schon bald darauf galt wieder Business as usual – auch am internationalen Finanzplatz Frankfurt am Main. In dieser neuen Arbeit von bankleer bleibt offen, wie das realistisch dargestellte Setting zu lesen wäre: als Schreckbild, als Karikatur, als Anklage, als Aufruf – als Metapher des Wachstums.

The Berlin-based artist duo bankleer (Karin Kasböck and Christoph Leitner, born in 1969/1968, living in Berlin) produce stage-like installations, participatory events, workshops, games and video series dedicated to philosophical and economy-critical themes. The starting-point is always marked by societal processes which the group approaches in several projects that evolve from each other—a technique which bankleer terms "Cubist Situationism." They frequently change contexts and work in both public space and art institutions. Actions and performances, docu-fictional videos and techniques of expanded cinema are used to translate current discourses into forms of practice so as to enter into active communication with the audience. Many projects of bankleer focus on the critical questioning of assumptions society makes on social and economic organization, thereby addressing the capitalist economic system as allegedly one without an alternative, as well as the social status of labor and productivity.

In the 20th century, at the latest, both the material and intellectual productivity of the individual became established as the basic component of an emancipative model of society. Since then, the meaning of work and the value it creates belong to the fundamental postulates of an education-based society programmed along the lines of growth, progress and expansion. In bankleer's projects, such postulates are exaggerated in situational experiments aimed at making people aware of them. The artists' group is ultimately intent on conceiving a beyond of the market and capitalist structures together with the audience, envisioning images of this place and its possibilities, and translating them into lived models. To this end, in several of bankleer's works, hypertrophied beings emerge which are derived from the human form in one way or another but already appear to have left the space of

HEADFONDS
2010
Projektskizze (Detail) / Project sketch (detail)
Courtesy die Künstler

HEADFONDS
2010
Projektskizze / Project sketch
Courtesy die Künstler

the real: marginalized existences which at the fringes of society have obviously mutated to become its uncontrollable remains, as a bad conscience, as specters or zombies. At times they appear as deterrent reminders of the excesses of an excluding achievement-oriented society, while at other times they also seem to bear a revolutionary potential that only needs to be activated.

Such an ambivalent figure can also be seen in bankleer's new installation, which was produced specifically for the show "On the Metaphor of Growth" at the Frankfurter Kunstverein: Here, someone seems to have interrupted his office work at the desk as if shocked and built an improvised escape using the furniture—either to hang himself or to penetrate through the ceiling and negate the limits of the real space. The elements used in the installation allude a scene from the financial market sector. It calls to mind both the shocking financial crisis of 2008 and the subsequent absence of effective regulations in this sector: Soon afterwards, it was business as usual again—also in Frankfurt am Main as an international financial centre. In bankleer's new work, it remains open how this realistically rendered setting should be read: as a terrible vision, a caricature, a reproach, an appeal—as a metaphor of growth.

MICHEL BLAZY

Die Werke von Michel Blazy (geboren 1966 in Monaco, lebt und arbeitet in Paris) sind geprägt von ihrem experimentellen und oft ephemeren Charakter. Die Werkstoffe seiner Malereien, Skulpturen und Installationen sind entweder der Natur entnommen oder entstammen Bau-, Garten- und Supermärkten. Die Materialien überlässt Blazy den natürlichen Verfallsprozessen, die in Form von Schimmelpilzkulturen Wachstumsprozesse hervorrufen. Wenn Blazy beispielsweise ein Feld aus mit Lebensmittelfarben versehenen Kartoffelflocken von der Decke bewässert, so bestimmt er dabei zwar die grundsätzlichen Settings der Installation, andere Einflüsse wie Luftfeuchtigkeit, Lichteinfall, Temperatur oder die biologischen Prozesse der jeweiligen Materialien selbst hingegen tragen ihren Teil zum Erscheinungsbild der Arbeit bei. Seinen Arbeiten liegt etwas Unkontrollierbares und Zufälliges zugrunde, und meist bestimmt die Dauer einer Ausstellung, inwieweit Prozesse sichtbar bleiben bzw. wann sie gestoppt werden.

Seit den 1990er Jahren experimentiert der Künstler auch mit Badeschaum, der für eine Reihe von Skulpturen und Installationen zum Einsatz kam. Im Rahmen der Ausstellung „Über die Metapher des Wachstums" werden sowohl im Kunstverein Hannover als auch im Kunsthaus Baselland Schauminstallationen gezeigt. Platziert in Müll- oder Regentonnen, aus Wänden oder Regalen hervorquellend, wächst der dichte Schaum kontinuierlich zu einer Form, die sich gleichzeitig wieder auflöst. Die skulpturale Erscheinung der Installation beschreibt einen ständigen Wandel, bei dem Werden und Vergehen einen engen Kreislauf eingehen. Die von Blazy verwendeten Behälter, wie Regen- und Mülltonnen, aus denen der Schaum hervorquillt, dienen auch im Alltagsgebrauch als Behälter für Masse, die verbraucht, weiterverarbeitet und neuerlich gefüllt wird. Der unaufhörlich heraustretende Schaum veranschaulicht geradezu paradigmatisch den natürlichen Kreislauf der Metapher des Wachstums.

In einer weiteren Arbeit, die im Kunsthaus Baselland präsentiert wird, bearbeitet Michel Blazy eine Wand

SKIPY
(im Vordergrund)
2003
Polyurethanschaum, Rasierschaum /
Polyurethane foam, shaving foam
Sammlung FRAC Ile de France
MUR DE POILS DE CAROTTE
(im Hintergrund)
2000
Sammlung Les Abatoires, Toulouse
Karottenpüree, Schimmelpilze /
Mashed carrots, mould
Ausstellungsansicht:
Chevilly la rue
Courtesy Galerie ART : CONCEPT, Paris
Foto: Michel Blazy
© VG Bild-Kunst Bonn

mit einem Gemisch aus Agar-Agar und Lebensmittelfarbe. Das aus der asiatischen Küche bekannte Geliermittel bricht im Laufe der Zeit auf und löst „Schälprozesse" aus. Die Wand runzelt und altert – wie Haut nach einem Sonnenbrand oder die Rinde eines Akazienbaumes.

The works of Michel Blazy (born in 1966 in Monaco, lives and works in Paris) are shaped by their experimental and often ephemeral character. The materials he uses for his paintings, sculptures and installations are either taken from nature or stem from DIY stores, gardening markets and supermarkets. Blazy exposes them to natural decay processes that trigger processes of growth in the form of moulds. For example, when he waters a field of potato flakes treated with food coloring, he does determine the basic setting of the installation, but other factors such as humidity, lighting, temperature or the biological processes of the respective materials themselves contribute to the work's appearance. His pieces are based on factors that are uncontrollable and subject to chance, and the duration of a show is usually determined by the extent to which the processes remain visible or the point in time when they are halted.

Since the 1990s, the artist has also been experimenting with bubble bath, which he has used for a number of sculptures and installations. Within the framework of the exhibition "On the Metaphor of Growths," both the Kunstverein Hannover and the Kunsthaus Baselland will exhibit bubble-bath installations. Put in garbage cans or rain barrels, gushing forth from walls or sets of shelves, the dense foam continuously grows to a form that simultaneously dissolves again. The sculptural appearance of the installation describes a state of permanent change, in which becoming and fading form a close cycle. The vessels Blazy employs, such as rain barrels or garbage cans from which the foam gushes forth, serve as receptacles for masses that are used up, processed and filled again in everyday use, as well. The incessantly emerging foam visualizes in an all but paradigmatic way the natural cycle of the metaphor of growth.

In a further work presented at the Kunsthaus Baselland, Michel Blazy treats a wall with a mixture of agar-agar and food coloring. The gelling agent used in Asian cuisine breaks up over time and causes "peeling processes." The wall frowns andages— like skin after a sunburn or the bark of an acacia tree.

LES MURS DE PELLICULES
2002
Geliermittel Agar-Agar, Lebensmittelfarbe /
Food gellant Agar-Agar, food coloring
Maße variabel
Courtesy Galerie ART : CONCEPT, Paris
© VG Bild-Kunst Bonn

FONTAINE DE MOUSSE
2007
Müllcontainer, Badeschaum, Kompressor, Rohrleitung /
Garbage cans, foam bath, compressor, pipes
Maße variabel
Ausstellungsansicht Palais de Tokyo, Paris
Courtesy Galerie ART : CONCEPT, Paris
Foto: Marc Domage
© VG Bild-Kunst Bonn

MAX BOTTINI

Im Mittelpunkt der künstlerischen Tätigkeit von Max Bottini (geboren 1956 in Bürglen/CH, lebt und arbeitet in Uesslingen/CH) steht neben der Malerei vor allem seine Auseinandersetzung mit Lebensmitteln, ihrem Ursprung, ihrer Zubereitung und gesellschaftlichen Relevanz ebenso wie Prozesse der Natur und ihrer künstlerischen Vermittlung. In zahlreichen Projekten und Aktionen rückte er die natürlichen und sozialen Komponenten rund um das Essen ins Zentrum. So gelangte von April bis September 1994 ein Projekt zur Durchführung, bei dem eigens hierfür aufgezogene, natürlich gemästete, penibel gewogene und professionell geschlachtete Hühner schlussendlich nach einem Rezept aus Hongkong zubereitet unter der Thur-Brücke im Schweizerischen Thurgau von geladenen Gästen verspeist wurden. Die Rituale rund um das Essen, die Überlieferung von Rezepten, die Gaumenerlebnisse und der Tisch als Ort des Gesprächs standen dabei im Mittelpunkt von Bottinis Interesse. Ein weiteres Großprojekt im Kunstmuseum Thurgau (2000–2001) beinhaltete das Sammeln und Degustieren von 1 100 in Einmachgläsern gelagerten Lebensmitteln, wobei vor allem die Möglichkeit des Austauschs von Geschmacksempfindungen und Rezepten dem Werk seinen kommunikativen und prozesshaften Charakter verlieh.

Für die Ausstellung im Kunsthaus Baselland konzipierte Bottini ein Projekt, bei dem das Wachstum eines sogenannten Zauberbambus' akribisch beobachtet wird. Bottini platziert eine Bambuspflanze im Außenraum des Kunsthaus Baselland und versieht das Sprossenende mit einem in den Innenraum führenden Faden, an dessen Ende ein Bleistift angebracht ist. Vergleichbar mit dem Markieren des Wachstums der Kinder, welches meist an Türrahmen oder an versteckten Wandteilen der elterlichen Wohnung eingezeichnet wird, lässt der Künstler das Gedeihen der Pflanze zu einem nachvollziehbaren, sichtbaren Prozess werden. Bottinis Aktionen und Installationen verwenden oft bekannte Handlungsweisen, die durch die künstlerische Handhabung als Forschungsmethode auf Seite des Rezipienten zu einer neuen Sensibilisierung führen.

ZWEIMAL WACHSEN
2011
Installationsskizze / Installation sketch
Fotos: Max Bottini

In addition to painting, the artistic activities of Max Bottini (born in 1956 in Bürglen/CH, lives and works in Uesslingen/CH) mainly concentrate on dealing with foodstuffs, their origin, preparation and social relevance, as well as with processes of nature and the way they are artistically conveyed. In numerous projects and actions, he focuses on the natural and social components of food and eating. From April to September 1994, for instance, a project was realized in which chickens—especially raised, organically fed, meticulously weighed, and professionally slaughtered— were ultimately prepared according to a recipe from Hong Kong and served to invited guests under the Thur bridge in Swiss Thurgau. Bottini was primarily interested in the rituals revolving around eating, the passing down of recipes, culinary experiences, and the table as a place of conversation. A further large-scale project at the Kunstmuseum Thurgau (2000–2001) consisted in collecting and tasting 1,100 foods stored in bottling jars, with the possibility of exchanging senses of taste and recipes, which lent the work its communicative and process-oriented character.

For the show at the Kunsthaus Baselland, Bottini conceived a project in which the growth of a so-called Golden Vivax bamboo is meticulously tracked. He places the bamboo in the outdoor space of the Kunsthaus Baselland and attaches to the top of the shoot a thread leading to the inside with a pencil at the end. Like marking the growth of children, usually on doorframes or concealed parts of the wall in the parents' home, the artist turns the flourishing of the plant into a visually traceable process. Bottini's actions and installations frequently employ well-known procedures that, artistically treated as research methods, sensitize the viewers in a new way.

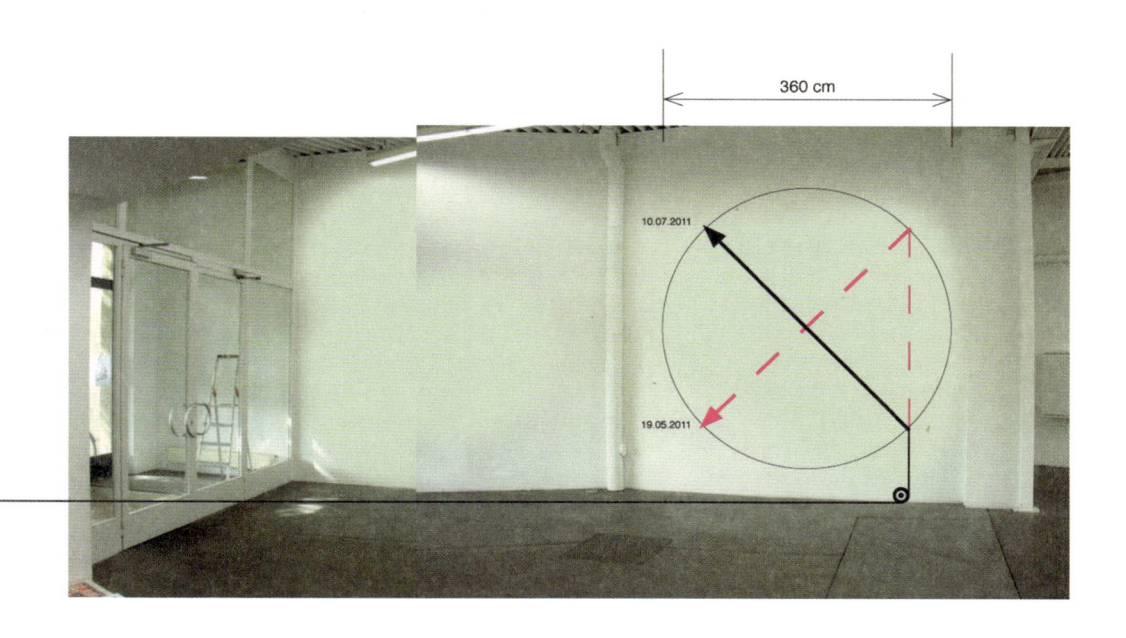

360 cm

10.07.2011

19.05.2011

Phyllostachys vivax
'Aureocaulis'
Zauberbambus

MARK BOULOS

Mark Boulos (geboren 1975, lebt in Amsterdam) thematisiert in seinen Arbeiten das Verhältnis von religiösem Fundamentalismus, Ideologie und Terrorismus. Er bereist schwer zugängliche Gegenden oder gesellschaftliche Enklaven und sammelt dort dokumentarisches Filmmaterial, das später zuweilen poetisch, zuweilen radikal überspitzt editiert wird. Es entstehen Filme und Videoinstallationen, die mit dem sozialkritischen Gebrauchspotential dieser Medien experimentieren: Mark Boulos' Arbeiten konfrontieren den Zuschauer nicht mit linearen Dokumentationen, sondern mit dem filmischen Prozess der Analyse, Interpretation und Bewertung.

In seiner 2-Kanal-Videoinstallation „All that is solid melts into air" – deren Titel ein Zitat aus Karl Marx' Kommunistischem Manifest ist – stellt er zwei Welten räumlich einander gegenüber. Die eine Seite zeigt militante nigerianische Widerstandsgruppen im Mündungsdeltas des Nigers, einem der wichtigsten Erdölfördergebiete der Erde. Boulos hat mehrere Wochen vor Ort verbracht und zeichnet ein verstörendes Bild des lokalen Widerstands gegen die Ölförderanlagen ausländischer Konzerne. Die Ölförderung hat der Gegend keinerlei ökonomischen Fortschritt gebracht, sondern im Gegenteil die Subsistenzwirtschaft der Bevölkerung nachhaltig zerstört. Boulos' Videoinstallation beschreibt die Aggression nigerianischer Fischer, die angesichts der Ausbeutung ihres Landes und des Entzugs ihrer Lebensgrundlage durch Wasserverschmutzung nun zur Waffe gegriffen haben.

Die andere Projektionsseite der 2-Kanal-Installation porträtiert den globalen Handel mit dem Rohstoff Öl an der internationalen Börse in Chicago. Das Material zu diesem Video drehte Mark Boulos zur Zeit des Zusammenbruchs der US-amerikanischen Bear Sterns Bank, dem kurz darauf die internationale Kreditkrise 2008 folgte. Genau wie der Ort der Rohstoffförderung in Nigeria wird auch der Ort des wertschöpfenden Handels mit diesem Rohstoff an der Börse von Boulos als Kriegsschauplatz dargestellt: Sein Video präsentiert den Kampf der Börsianer, die spekulierende Raserei der Broker um Vorteile angesichts schwankender Kursnotierungen zum Wert des Erdöls. In Form einer poetischen Parabel vergleicht Boulos zwei Phasen des Erdöls als Ware auf seiner Reise durch die kapitalistische Weltordnung: von seiner Förderung in den Sümpfen des Nigerdeltas bis hin zu seiner ökonomischen Auflösung an den elektronischen Börsentafeln in Chicago. Aus Sicht des Künstlers sind beide Seiten von Kämpfen und zugehörigen Ritualen bestimmt, vom Glauben an Kriegsgottheiten und an materielle und immaterielle Fetische. Boulos fokussiert in der Installation „All that is solid melts into air" sowohl auf den Status der Selbstinszenierung der Akteure als auch auf die stets angenommene Authentizität dokumentarischen Materials. Die perfekt synchronisierten Filme beider Screens gehen von medialen und kulturellen Klischees aus, um deren wahren Kern umso stärker zu betonen.

Mark Boulos (born in 1975, lives in Amsterdam) addresses the relationship between religious fundamentalism, ideology and terrorism in his works. He travels through regions difficult to access or societal enclaves, where he collects documentary film material that he then edits in a poetic or radically exaggerated way. The resulting films and video installations experiment with the potential socio-critical uses of these media: Mark Boulos' works do not confront the viewer with linear documentations but instead with the filmic process of analysis, interpretation and evaluation.

In his two-channel video installation "All that is solid melts into air"—a quote from Karl Marx's Communist Manifesto—he spatially juxtaposes two worlds. One side depicts militant Nigerian resistance groups in the Niger delta, one of the world's most important oil-producing regions. Boulos spent several weeks there and draws a disturbing picture of local resistance against the oil-producing plants of foreign corporations. Oil production has brought no economic progress to the region whatsoever, quite to the contrary. It has lastingly destroyed the populations subsistence farming. Boulos' video installation describes the aggression of Nigerian fishermen who in face of the exploitation of their land and the loss of their livelihood through water pollution have resorted to arms.

The other side of the two-channel projection portrays the global trade with oil as a resource at the international exchange in Chicago. Mark Boulos shot the material for this video at the time when the US-American Bear Sterns Bank collapsed, which was followed a short while later by the international credit crisis in 2008. Just like the oil-producing location in Nigeria, the site of value-creating trade with this resource on the market is depicted as a theatre of war: His video presents the battle of the brokers, their speculating frenzy to gain advantages in face of volatile quotations of the value of oil. In the form of a poetic parable, Boulos compares two phases of oil as a commodity on its journey through the capitalist world order: from its production in the swamps of the Niger delta to its economic dissolution on the electronic information walls in Chicago. In the artist's view, both sides are determined by battles and the associated rituals, by belief in war deities and in material and immaterial fetishes. In the installation "All that is solid melts into air," Boulos focuses both on the status of the actors' self-presentation and the always presumed authenticity of the documentary material. The perfectly synchronized films on both screens start with media-related and cultural clichés, to then all the more strongly stress the elements of truth that they bear.

ALL THAT IS SOLID MELTS INTO THE AIR
2008
2-Kanal-Video / 2 channel video
Courtesy der Künstler

Government takes it, but we suffer and suffer.

PETER BUGGENHOUT

Einige der in der Ausstellung „Über die Metapher des Wachstums" präsentierten Arbeiten beschäftigen sich abstrahierend mit dem elementaren, natürlich anmutenden Wachstum: Künstler wie Peter Buggenhout (geboren 1963, lebt in Gent) erschaffen Werke, die das Prinzip von Entstehen und Vergehen, Entwicklung und Zerfall in Material und Formen sinnlich erlebbar machen. Seine Skulpturen sind aus alten Baustoffen und Abfallstücken zusammengefügt – wie z. B. das Holz eines alten Fischerbootes, die Metallstreben einer ehemaligen Jalousie, die Kunststoffrohre einer ausrangierten Wasserleitung – und mit ungewöhnlichen organischen Materialien bearbeitet: So kommen für die Werke aus der Serie der „Gorgos" unter anderem Schweineblut und Pferdehaare zum Einsatz, und die seltsamen Oberflächen der Werke aus der Serie „Mont Ventoux" bestehen aus getrockneten Kuhmägen. In der Serie „The Blind Leading the Blind" – die das gleichnamige berühmte Bild von Pieter Bruegel aufruft – überdeckt der Künstler seine Skulpturen mit einer dicken Schicht aus grauschwarzem Haus- oder Industriestaub, die anschließend aufwändig fixiert wird. So auch in dem großen Werk mit der Nummer 35 aus dem Jahre 2010. Zunächst wirkt es wie ein Scheiterhaufen oder Menetekel einer Katastrophe, wie übriggebliebener und zusammengeschobener Schutt eines eingestürzten Gebäudes. Man mag an die monströsen Überreste des New Yorker World Trade Centers nach dem Anschlag denken: gewaltige, verbogene und geborstene Konstruktionselemente, zusammengehalten aus erstarrten Flüssigkeiten, die eigentümliche Gerüche verströmen, überzogen mit einer dicken Staubschicht.

Die Oberflächen in Buggenhouts Skulpturen changieren zwischen unbeschreiblichem, zuweilen apokalyptisch anmutendem Chaos und fein ziselierten Strukturen. Nur an manchen Stellen der Werke – dort dann aber deutlich – erweist sich die präzise bildhauerische Gestaltung: Es sind weder gefundene Ensembles oder Überbleibsel noch organisch gewachsene Klumpen. Die Skulpturen scheinen einer Logik zu folgen, die sowohl innerhalb ihrer Elemente und in den Bedingungen ihres Aufstellens wohnt als auch außerhalb – beim Urheber. Gerade weil sie auf nichts Anderes als sich selbst verweisen, erscheinen sie dem Betrachter stets als wesenhafte Gegenüber: Sie haben Charakter und Ausdruck, enorme Präsenz und Individualität und sind ebenso technische wie organische Gebilde. Obwohl die Herkunft von einzelnen ihrer Bestandteile zuweilen identifizierbar ist, sind sie referenzlos, autonom: Es handelt sich bei diesen Objekten nicht um bildhauerische Darstellungen, sie enthalten keine Narrationen oder gar symbolischen Verweise.

Peter Buggenhout spricht in diesem Zusammenhang von „abject things", Dinge also, die jede Identifizierung zurückweisen, einschließlich jener als künstlerische Objekte. Diese Eigenart der Werke zu erreichen – nicht etwa eine spezifische Form –, ist das Ziel von Buggenhouts künstlerischem Arbeitsprozess. Die Materialien werden solange plastisch aufgehäuft, zusammengefügt und in malerischer Weise bearbeitet, bis sich ein Grad an Abstraktheit einstellt, der jegliches symbolisches Verweispotential ausschließt. Gerade deswegen können Buggenhouts Werke als metaphorische Visualisierung des Prinzips vom Entstehen und Vergehen, von Entwicklung und Zerfall verstanden werden. Bei aller Morbidität und radikaler Widerständigkeit scheinen diese Skulpturen Manifestationen eines universellen Wachstums und eines unaufhaltbaren Lebensprinzips zu sein.

GORGO #18
2009
Gips, Silikon, präparierte Eingeweide, Haare, Blut, Schutt / Plaster, silicone, prepared intestines, hair, blood, debris
104 x 97 x 77 cm
Courtesy Collection Antoine De Galbert, Paris, France

Some of the works presented in the exhibition "On the Metaphor of Growth" deal on an abstract level with the theme of elementary, seemingly natural growth. Artists, such as Peter Buggenhout (born 1963, lives in Gent) produce work that in its material and form conveys the sensual experience of the principle of growth and decay, evolution and disintegration. His sculptures are pieced together from discarded building materials and scraps of trash, for example the wood of a former fishing boat, the metal strips of an old set of blinds, or the plastic piping of a replaced waterline—and are coated with unusual organic matter. In the works from the series "Gorgos," horsehair and pig's blood are used, among other materials, and the strange surfaces of the works from the "Mont Ventoux" series are created with the use of dried cow stomachs. In the series "The Blind Leading the Blind"—which immediately recalls Pieter Bruegel's famous painting by the same title—the artist covers his sculptures with a thick layer of grey-black domestic or industrial dust, which is then affixed to the sculpture in a complex procedure. The same is true of a large work with the number 35 from the year 2010. At first this appears to be the burnt remains or foreboding sign of a catastrophe, such as the leftover, piled up debris from a collapsed building. The monstrous remains of the New York World Trade Center after the attack are forced to mind: massive, buried, and cracked building elements, which are held together by cooled molten liquids emitting odd scents and covered by a thick layer of dust.

The surfaces of Buggenhout's sculptures alternate between an indescribable, sometimes apocalyptical chaos and finely chiseled structures. Only in a few places—and there quite evidently—do the works reveal their precise sculptural design. They are neither ensembles of found objects, nor vestiges, nor organically formed clumps. The sculptures seem to adhere to a logic inherent to both the elements from which they are composed and the conditions of their placement in space, a logic also residing outside of them, in the mind of the creator. Precisely because they refer to nothing more than themselves, to the viewer they are always experienced as entities. They have character and expression, great presence and individuality, and they are as much technical as organic formations. Although one can sometimes identify the origin of their individual components, the sculptures are void of allusions, autonomous; these objects are not sculptural representations; they entail no elements of narration, let alone symbolic references.

In this sense Peter Buggenhout uses the phrase "abject things," that is, things that refuse any form of identification, also as art objects. Achieving this strange unique quality, and not a specific form, is the aim of Buggenhout's artistic working process. Materials are sculpturally piled on top of each other, fitted together, and worked in a painterly manner, until a certain degree of abstraction has been achieved that precludes any inherent possibility of symbolic reference. Precisely for this reason could Buggenhout's works be understood as metaphoric visualization of the principles of growth and decay, evolution and disintegration. For all their morbidity and radical contrariness, these sculptures appear as manifestations of universal growth and the inexorable principle of life.

THE BLIND LEADING THE BLIND #35
2010
Polyester, Epoxidharz, Polyurethan, Aluminium, Eisen, Holz, Plastik, Textil, Staub, Schutt /
Polyester, epoxy, polyurethane, aluminum, iron, wood, plastic, textile, dust, debris
220 x 230 x 320 cm
Courtesy Konrad Fischer Galerie, Düsseldorf / Berlin

THE BLIND LEADING THE BLIND #30
2008
115 x 191 x 180,5 cm
Polyester, Epoxidharz, Polyurethan, Aluminium, Eisen, Holz, Plastik, Staub, Schutt /
Polyester, epoxy, polyurethane, aluminum, iron, wood, plastic, dust, debris
115 x 191 x 180,5 cm
Sammlung des Künstlers
Courtesy Konrad Fischer Galerie, Düsseldorf / Berlin

THE BLIND LEADING THE BLIND
(HERZLIYA PIECE)
2009
Polyester, Epoxidharz, Polyurethan, Aluminium,
Eisen, Holz, Plastik, Textil, Staub, Schutt/
Polyester, epoxy, polyurethane, aluminum, iron,
wood, plastic, textile, dust, debris
450 x 900 x 900 cm
Installationsansicht
Herzliya Museum of Modern Art

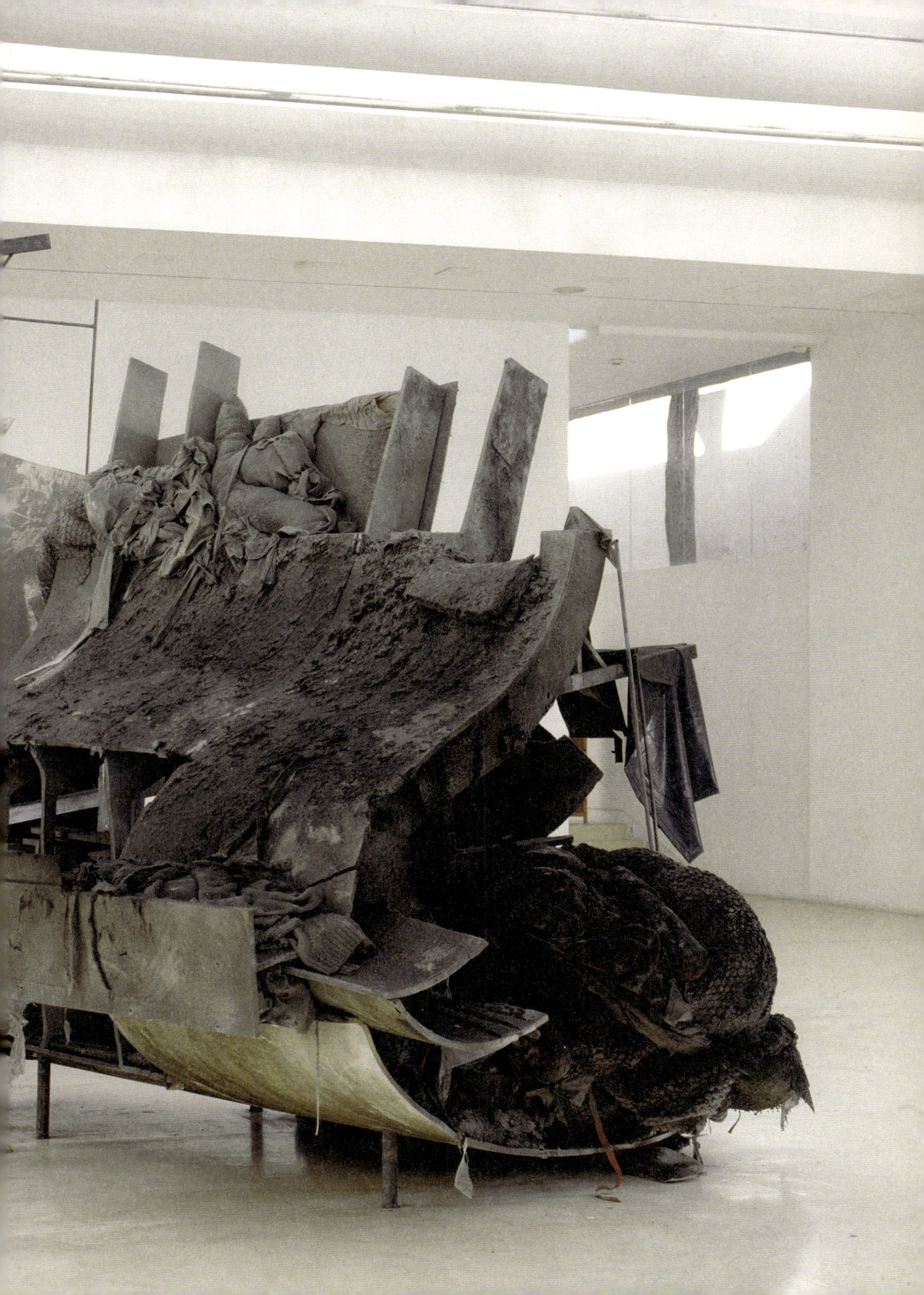

ARMIN CHODZINSKI

Armin Chodzinski (geboren 1970, lebt in Hamburg) setzt sich in seiner vielfältigen künstlerischen Tätigkeit mit dem Verhältnis von Kunst und Ökonomie auseinander. Sein Kunststudium an der Hochschule für Bildende Künste in Braunschweig beendete er mit dem richtungweisenden Vortrag „Armin Chodzinski muss ins Management", in dem er die Qualifikation des Künstlers als Manager darlegte. Seitdem bewegt sich Chodzinski zwischen den Bereichen der Bildenden Kunst, der Wirtschaft und des Theaters. Er war Assistent der Geschäftsleitung eines Handelsunternehmens, Manager, Berater, Dozent an wirtschafts- und sozialwissenschaftlichen Fakultäten und promovierte 2006 in Anthropogeografie.

„Kreativität" bildet dabei eine der Schnittstellen zwischen den sehr unterschiedlichen Bereichen, in denen sich Chodzinski bewegt. Von der einen Seite als Wundermittel sehnsüchtig herbeigesehnt, bildet sie für die andere Seite die selbstverständliche Basis künstlerischer Produktionen, die längst nicht so romantisch sind, wie die Businesswelt sich vorstellt. Die Missverständnisse, Vorurteile und Klischees zwischen den Bereichen Kultur, Wissenschaft und Wirtschaft nutzend, bilden Chodzinskis Aktionen und Werke hintergründige Kommentare zu gesellschaftlichen Werten und Zielsetzungen.

Auf spielerische, ironische Weise kommentiert Chodzinski mit einer Videoserie im Kunstverein Hannover die in der Popmusik und -kultur weitervermittelten Axiome und Ideale von Wachstum und Erfolg. In Unterwäsche und Socken tanzt Chodzinski expressiv zu Abbas „Money, Money, Money", eher verhalten im Anzug zu „The walls come tumbling down" von The Style Council und versucht unter dem Titel „Unternehmerische Improvisationen", zu Jazzmusik seine innere Mitte zu finden. Weniger amüsant erscheint eine Fotoserie, die während seiner Zeit in unterschiedlichen Unternehmen entstand. Die steife, maskierte Porträtierung an verschiedenen Orten seiner Tätigkeit vermittelt eine unbestimmte Ambivalenz zwischen aktivistischer Kritik und hilfloser Resignation und Anpassung. Als Allegorien einer individuellen Positionierung im gesellschaftlichen, ökonomischen und politischen Leben verbinden die Inszenierungen Assoziationen zu den Kriegschauplätzen von Ökonomie und Politik, Motivationskursen in Wellness-Oasen oder dem heimeligen Rückzug in die Privatsphäre des Eigenheims. Mit der eigens zur Thematik der Ausstellung entwickelten Lecture-Performance „Den Letzten beißen die Hunde – eine Allegorie der Unsterblichkeit mit Krawatte, Musik und einem tanzenden Eisbären" rundet Chodzinski seinen Beitrag zur „Metapher des Wachstums" an den Ausstellungsorten ab.

※

In his varied artistic activities, Armin Chodzinski (born in 1970, lives in Hamburg) deals with the relationship between art and economy. He finished his art studies at the Hochschule für Bildende Künste in Braunschweig with the programmatic lecture "Armin Chodzinski muss ins Management," in which he set forth the qualification of the artist as manager. Since then, Chodzinski has been operating between the fields of fine art, business and theater. He was the assistant to the managing director of a trade firm, manager, consultant, lecturer at faculties for business and social sciences, and in 2006 gained his doctorate in anthropogeography.

"Creativity" forms one of the interfaces between these highly different fields in which Chodzinski is active. Longed for as a miracle cure by the one side, it is for the other the natural basis of artistic productions, which are not as romantic anymore as the business world imagines. Using the misunderstandings, prejudices and clichés prevailing in the fields of culture, science and business, Chodzinski's actions and works are enigmatic commentaries on social values and goals.

With his video series in the Kunstverein Hannover, Chodzinski comments in a playful and ironic fashion on the axioms and ideals of growth and success that are still conveyed in pop music and culture. Wearing underpants and socks, Chodzinski expressively dances to Abba's "Money, Money, Money," and a bit more reservedly in a suit to "The walls come tumbling down" by The Style Council; under the title "Unternehmerische Improvisationen," he seeks to find his inner being in jazz music. A photo series created during the time he worked for various firms appears less amusing. The stiff, masked portrayals at various locations of his activities convey a vague ambivalence between activist critique and helpless resignation and conformity. As allegories of individually positioning oneself in social, economic and political life, the mises-en-scène bring together associations with economic and political battlefields, motivation courses in wellness oases, and the cozy withdrawal to the private sphere of one's own home. Chodzinski rounds off his contribution to the "metaphor of growth" at the exhibition venues with the specially developed lecture performance, "Den Letzten beißen die Hunde – eine Allegorie der Unsterblichkeit mit Krawatte, Musik und einem tanzenden Eisbären."

IBM – LASSALLESTRASSE 1, WIEN
2001/2011
C-Print
60 x 80 cm

SAP HAFENCITY HAMBURG
(BAUGRUBE)
2001/2011
C-Print
60 x 80 cm

DIENSTWAGEN –
RASTHAUS DONAUTAL WEST
2001/2011
C-Print
60 x 80 cm

DIRK FLEISCHMANN

Dirk Fleischmann (geboren 1974 in Schweinfurt, lebt in Seoul) übernimmt für seine künstlerischen Projekte unternehmerische Strukturen, um ökonomische und ökologische Prozesse zu thematisieren und zu hinterfragen. Bereits während seines Studiums an der Städelschule in Frankfurt am Main begann Fleischmann mit dem Projekt „mykiosk" (1998–2002), einem Kiosk in der Kunsthochschule, dessen Waren in Selbstbedienung erworben und bezahlt wurden. Trotz fehlender Kontrolle der Bezahlung erwirtschaftete der Kiosk Gewinn, den Dirk Fleischmann komplett reinvestierte, um damit die Produktpalette kontinuierlich zu erweitern. „mykiosk" bildete den Ausgangspunkt für mehrere, teilweise parallele Hauptprojekte und zahlreiche Unterprojekte, die sich ohne Gewinnausschüttung gegenseitig finanzieren, beständig anwachsen und ausgedehnt werden. Das künstlerische Unternehmen Fleischmann umfasste bisher die Anhängervermietung eines einzigen Anhängers („mytrailerrental", 1997–2002), eine Photovoltaikanlage („mysolarpowerplant", 2004–2011), eine partizipative Spielshow, die bereits auf der ganzen Welt aufgeführt wurde („mystopshow") sowie eine Hühnerhaltung auf einem Schulgelände („myfreerangechickeneggproduction", 2002–2004). Das Hühnerhaus basierte auf einem Bauplan der Künstlerin Rosemarie Trockel aus dem Jahr 1993. Später folgte ein virtueller Immobilienhandel auf Second Life („myrealestatebusiness", 2007) und die Produktion einer limitierten Kleidungskollektion, deren Produktionsprozess durch ein Videoarchiv im Internet nachvollzogen werden kann („myfashionindustries", seit 2008).

Im Rahmen der Ausstellung „Über die Metapher des Wachstums" präsentiert Dirk Fleischmann das Projekt „myforestfarm" (seit 2008). Als Wiederaufforstungsprojekt auf den Philippinen thematisiert und hinterfragt das Projekt den Kohlendioxidemissionshandel. Die insgesamt 1838 Bäume, die auf einem Gelände von 17 000 qm gepflanzt wurden, lassen sich auf der Webseite www.myforestfarm.com jeweils einzeln lokalisieren; auch ihr Wachstum kann dort verfolgt werden. Jährliche Führungen

MYSOLARPOWERPLANT
Projekt, 2004–2011
Städelschule Frankfurt a. M.

durch die Baumplantage auf Video geben Aufschluss über die Entwicklung des Projektes. Fotos der einzelnen Pflänzchen hat Dirk Fleischmann auf CD übertragen, diese präsentiert er stellvertretend für den Wald auf den Philippinen als eine Säule aus 1838 CDs. Teil des Projekts ist Dirk Fleischmanns künstlerische Variante der Kohlendioxidemisionszertifikate („mycarboncredits", 2010). Beim Emmissionshandel entspricht ein Zertifikat (Carbon Credit) normalerweise der Kompensation von einer Tonne Kohlendioxid. Bei Dirk Fleischmann bestehen die Zertifikate aus einer abstrakten Fotografie der farbigen Lichtreflexionen der einzelnen CDs. Wie die CDs steht jede Fotografie damit für einen auf den Philippinen wachsenden Baum und kann für 10 € online erworben werden. Mit dem Erlös finanziert Fleischmann die Material- und Personalkosten der Aufforstung. Ein potentieller Überschuss fließt wiederum in das ständig wachsende künstlerische Unternehmen von Dirk Fleischmann.

For his artistic projects, Dirk Fleischmann (born in 1974 in Schweinfurt, lives in Seoul) adopts entrepreneurial structures to address and question economic and ecological processes. Already during his studies at the Städelschule in Frankfurt am Main, Fleischmann began with his project "mykiosk" (1998–2002), a kiosk in the art academy presenting goods that could be purchased and paid in self-service. Despite the lack of control, the kiosk made a profit, which Dirk Fleischmann completely reinvested to continuously expand the range of products. "mykiosk" formed the starting point of several, partially parallel, main projects and numerous secondary projects that, financing each other without distributing the profit, are constantly being expanded. To date, the artistic enterprise Fleischmann included the rental of a single trailer ("mytrailerrental", 1997–2002), a photovoltaic system ("mysolarpowerplant", 2004–2011), a participatory game show that has already been presented internationally ("mystopshow"), and the keeping of chicken on the premises of a school ("myfreerangechickeneggproduction", 2002–2004). The chicken coop is based on the plans of the artist Rosemarie Trockel from the year 1993. Later, a real estate business in Second Life followed ("myrealestatebusiness", 2007), as well as the production of a limited collection of clothing articles, the production of which can be followed via a video archive on the Internet ("myfashionindustries", since 2008).

In the framework of the show "Über die Metapher des Wachstums," Dirk Fleischmann presents the project "myforestfarm" (since 2008). As a reforestation project on the Philippines, the project addresses and calls into question carbon dioxide emissions trading. The total of 1,838 trees that were planted in an area of 17,000 square meters can be individually localized on the Web site www.myforestfarm.com, where their growth can also be monitored. Annual video tours of the tree plantation give information on the project's development. Dirk Fleischmann copied photos of the individual plants on CD. He will present 1,838 CDs as a column representing the forest on the Philippines. One part of the project is Dirk Fleischmann's variant of the carbon credits ("mycarboncredits", 2010). In emissions trading, one carbon credit usually corresponds with the compensation for one ton of carbon dioxide. In Dirk Fleischmann's work, the credits consist of an abstract photograph of the colorful light reflections of the individual CDs. As with the CDs, each photograph stands for one of the trees growing on the Philippines and can be purchased for 10 euros. Fleischmann uses the proceeds to finance the material and personnel costs of the reforestation. A potential profit will go to the continuously growing artistic enterprise of Dirk Fleischmann.

MYFORESTFARM
Projekt seit 2008

REAL ESTATE
Projekt,
art space pool,
Seoul, 2007

MYFASHIONINDUSTRIES
Projekt seit 2008

MYTRAILERRENTAL
Projekt, 1997–2002

MYKIOSK
Projekt, 1998–2002
The Origin Of
The Kiosk,
1998
C-Print
50 x 70 cm

SYLVIE FLEURY

In ihrer ersten Ausstellung 1990 schien Sylvie Fleury (geboren 1961, lebt in Genf) unter dem Titel „C'est la vie" die Beute einer Shoppingtour zu präsentieren: Sorgfältig nebeneinander aufgereiht standen auf dem Fußboden einer Schweizer Galerie Einkaufstüten und Schachteln von Luxusmarken. Die Dinge, die sich damals möglicherweise in diesen Tüten verbargen, wurden wenige Jahre später selbst zum Gegenstand von Fleurys Kunst: Gucci-Schuhe, Louis Vuitton-Taschen und Chanel-Parfumflakons erschienen als verchromte Bronzen in Museumsvitrinen oder auf mit Plüsch überzogenen Galeriesockeln. Auch aus banalen Gegenständen wie Einkaufswagen, Papierkörben oder Leitern ließ sie vergoldete Bronzen anfertigen, und selbst Autowracks gerieten bei ihr zu anziehenden Objekten, indem sie diese in den Nagellack-Trendfaben der Saison präsentierte.

Fleury stellt nicht einfach begehrte Marken und Labels aus, sondern produziert Kunstwerke(waren), die versprechen, genau dasselbe Begehren befriedigen zu können. So gesehen ist es ist die Tyrannei des Begehrens und nicht Konsumkritik, die sie dem Betrachter mit jedem neuen Kunstwerk regelrecht vorführt. Als Brandstifterin und -bekämpferin zugleich verlässt sie sich auf die Wirkung glänzender, wertiger Oberflächen wie Gold, Silber oder Chrom, die jedem noch so banalen Gegenstand eine besondere Aura verleihen. „Die Idee ist, etwas zu benutzen, das in Hunderttausenden von Exemplaren hergestellt worden ist, und auf einmal sein Zeichen darauf zu hinterlassen, ein Zeichen, das gleichzeitig die Zugehörigkeit zu einem Clan, zu einer Kultur oder identitätsstiftenden Gemeinschaft bedeutet, d. h. zu einer anderen Gruppe als die der Masse. Es sind Buttons der Rebellion." (*Sylvie Fleury*)

Die Künstlerin zitiert in Skulpturen wie „Ladder" (2007) und „Yes to All" (2004) einfache, eher kurzlebige Gebrauchsgegenstände und konterkariert deren Profanität mit Materialien wie Bronze und Gold, die aufgrund ihrer Kostbarkeit und Langlebigkeit für Fortbestand stehen. So wurden z. B. aus Bronze nicht nur Statuen für die Ewigkeit gegossen, sondern – wie etwa im römischen Reich – auch Gesetzestafeln. Gold gilt seit jeher als das edelste Metall und spielte in früheren Kulten um Götter und Herrscher eine ebenso wichtige Rolle wie in Zeiten von Finanzkrisen und schwankenden Märkten als scheinbar sicherste Geldanlage. Durch den Bronzeguss und die Vergoldung sind Leiter und Papierkorb zu teuren und verknappten Kunstobjekten geworden, deren Erwerb sich nur noch die Reichen leisten können. Obwohl der Gebrauchswert der veredelten Leiter und des Papierkorbs nach wie vor erhalten ist, treten nun ihr Tauschwert auf dem Kunstmarkt und ihr Potential zu Distinktion und Wertsteigerung in den Vordergrund. Sylvie Fleurys Kunstwerke gehen nicht in ihrer reinen Käuflichkeit auf, sondern versprechen darüber hinaus intellektuelle Befriedigung – auch bei einer Luis Vuitton-Tasche ist die Gebrauchsmöglichkeit wohl weniger entscheidend als das Gefühl von Erhabenheit, das sie ihrer Trägerin geben mag. Mit dem Kauf solcher Luxus-Accessoires genauso wie mit dem solcher Kunstwerke können ähnliche Begehren gestillt werden. Voraussetzung dafür sind jedoch erhebliche finanzielle Ressourcen. Anders gesagt, um die goldene Leiter kaufen zu können, muss man zuvor erfolgreich die der Karriere erklommen haben.

In her first exhibition in 1990, Sylvie Fleury (born in 1961, lives in Geneva) presented what appeared to be the spoils of a shopping spree under the title "C'est la vie": Meticulously lined up, shopping bags and boxes of luxury brands stood on the floor of a Swiss gallery. The things that were possibly hidden in these bags became the object of Fleury's art a few years later: Gucci shoes, Louis Vuitton purses and Chanel perfume flacons were exhibited as chromium-plated bronzes in museum display cases or on gallery plinths covered with fur fabric. She also made gold-plated bronzes out of trivial objects such as shopping carts, wastepaper baskets or ladders, and even turned car wrecks into attractive objects by presenting them in the season's trendy nail polish colors.

Fleury does not merely exhibit popular brands and labels but also produces art work (commodities) that promise to satisfy the exact same desire. In this regard, it is the tyranny of desire and not the critique of consumerism that she actually demonstrates to the viewer with each new work of art. As both a fire raiser and fire fighter she relies on the effect of shining, high-quality surfaces such as gold, silver and chromium that lend even the most banal object a special aura. "The idea is to use something that has been manufactured in the hundred thousands and suddenly leave your mark on it, a sign that simultaneously signifies the sense of belonging to a clan, a culture or an identity-forging community, i.e., to a group different from the masses. They are buttons of rebellion." (*Sylvie Fleury*)

In sculptures such as "Ladder" (2007) and "Yes to All" (2004), the artist cites simple objects of everyday use with a rather short lifespan and contrasts their profanity with materials such as bronze and gold that stand for endurance on account of their value and durability. Not only statues were cast in bronze for eternity but also tablets of law—in the Roman Empire, for instance. Gold has always counted as the most precious metal and it played an equally important role in earlier cults surrounding gods and rulers as it does today in the times of financial crises and volatile markets as an apparently secure investment. The bronze cast and gold-plating turn ladder and wastepaper basket into expensive and rare art objects that only the wealthy can buy. Although the utility value of the refined ladder and basket is retained, their exchange value on the art market and their potential of distinction and increase in value are now at the fore. Sylvie Fleury's artworks are not exhausted by their mere purchasability but additionally promise intellectual satisfaction—even in the case of a Louis Vuitton purse, the possibilities of use are probably less decisive than the feeling of elevation that it may give the person carrying it. Purchasing these luxury articles as well as such artworks can satisfy similar desires. Yet the precondition is the possession of considerable financial resources. In other words, in order to be able to buy the golden ladder, one must have successfully climbed the career ladder beforehand.

YES TO ALL
2004
Stahl mit 24 Karat Gold lackiert /
Steel with lacquered 24-karat gold pate
Foto: Ulrich Ghezzi
Courtesy Galerie Thadeus Ropac
Paris / Salzburg,
Privatsammlung Salzburg

WACHSTUM, WACHSTUM — ZERSTÖRUNG UND MANGEL
HINTERGRÜNDIGES ZUM VERHÄLTNIS VON NATUR UND KAPITAL

GROWTH, GROWTH — DESTRUCTION AND SCARCITY
BACKGROUND INFORMATION ON THE RELATIONSHIP BETWEEN NATURE AND CAPITAL

Athanasios Karathanassis

1. *Wealth in Commodities
   and Wealth in Money*

Economic wealth is growing; there are code numbers and criteria for defining this growth. The development of productivity together with an increasing volume of work has created, especially since the Industrial Revolution, a wealth of commodities which in the meantime surpasses many times over the „immense accumulation of goods" in capitalist society which Karl Marx cited in the introduction to *Das Kapital* at the middle of the nineteenth century.

Commodities are themselves material in nature. But even when that is not the case, they are produced with the help of a series of materials—e.g., by means of work equipment—and for their realization in the marketplace—e.g., through transport—are linked to a multitude of different materials and physical transformations so that, with the increase in the production and consumption of goods, the utilization of materials and energy required by these processes has increased exponentially in type and extent.

The world's use of energy increased threefold during the nineteenth century, and again thirteen-fold during the twentieth century, whereby the global consumption of energy, just like the world's gross domestic product rose approximately by a factor of forty in less than two hundred years.[1] Since 1900 industrial production has increased fifty-fold,[2] with four-fifths of this increase having reached from 1950 to 1990.[3]

The consumption of fossil fuels rose correspondingly. „The global consumption of fossil fuels has increased since the beginning of the nineteenth century by approximately a factor of a thousand, which gives rise to the calculation of a yearly rate of growth of 3.5%." (Sieferle 2003: 40) So viewed over a period of two hundred years, the use of fossil fuels has doubled approximately every twenty years.[4]

The production of commodities thus requires a corresponding transformation of material.

2. *Reversals.
   On Forms and Quantities*

Commodities are available in utterly unimaginable amounts. But how does one get hold of these goods with their promise of happiness? That requires money ...

1. *Reichtum an Waren
   und Reichtum an Geld*

Der ökonomische Reichtum wächst; zur Bestimmung dieses Wachstums gibt es Kennziffern und Kriterien. Die Produktivkraftentwicklung in Verbindung mit gestiegenem Arbeitsvolumen führte insbesondere seit der industriellen Revolution zu einem Warenreichtum, der die „ungeheure Warenansammlung" in kapitalistischen Gesellschaften, die Karl Marx Mitte des 19. Jahrhunderts einführend im „Kapital" nannte, inzwischen um ein Vielfaches übertrifft.

Waren sind selbst stofflicher Natur; aber auch dann, wenn das nicht der Fall ist, werden sie mit Hilfe einer Reihe von Stoffen – z. B. durch Arbeitsmittel – produziert und sind zu ihrer marktmäßigen Realisierung – z. B. durch Transporte – an eine Vielzahl von unterschiedlichen Stoffen und Stoffumwandlungen gebunden, so dass mit dem Anwachsen der Warenproduktion und Warenkonsumtion auch die hierfür erforderlichen Stoff- und Energieverbräuche in Art und Umfang exponentiell gewachsen sind.

Der Weltenergieverbrauch stieg während des 19. Jahrhunderts um das Dreifache und im 20. Jahrhundert nochmals um das Dreizehnfache, womit sich der Weltenergieverbrauch ebenso wie das Weltbruttoinlandsprodukt in weniger als 200 Jahren etwa um den Faktor 40 erhöht hat.[1] Die Industrieproduktion hat sich seit 1900 verfünfzigfacht,[2] wobei vier Fünftel dieser Steigerung von 1950 bis 1990 erreicht wurden.[3]

Der Konsum fossiler Energieträger steigerte sich dementsprechend. „Der globale Verbrauch fossiler Energieträger ist seit Beginn des 19. Jahrhunderts etwa um den Faktor tausend gewachsen, was rechnerisch eine jährliche Wachstumsrate von 3,5 % ergibt." (Sieferle 2003: 40) Damit verdoppelte sich der fossile Energieverbrauch über 200 Jahre gesehen etwa alle 20 Jahre.[4]

Zur Warenproduktion bedarf es also entsprechender Stofftransformation.

2. *Verkehrungen.
   Von Formen und Quantitäten*

Waren sind in schier unvorstellbaren Mengen vorhanden. Wie jedoch kommt man an diese Glück versprechenden Waren heran? Dazu braucht es Geld ...

Das Gegenübertreten von Ware und Geld ist weder selbstverständlich noch voraussetzungslos. Waren können gegen Geld getauscht werden, weil sie gleiche Arbeits-

The interrelationship between goods and money is neither self-evident nor unconditional. Goods can be exchanged for money because they represent equivalent amounts of work. This amount of work or "elapsed" duration of work, abstracted from concrete labors and measured in terms of time, becomes the value of commodities.

Value is assigned to amounts of commodities in the gross domestic product (GDP), which represents the financial equivalent for processes both of material things and personal services. This type of computation is possible only because money stands opposite commodities as the mirror of value in a representational-logical relation. In this framework, goods and money are nothing other than different forms of value.

Money, however, is not simply the value-based expression of this abundance of goods. The unavoidable equivalent for the expression of value respectively the exchange of commodities must have a general character, in order to express the value of all commodities and to be exchangeable for all commodities. Thus money as a universal expression of value becomes the general equivalent and representative of wealth. Not least of all because of the essential characteristic of money— its inherent possibility of purchasing almost everything, its potential limitlessness— does it make sense to desire to accumulate money. Money is always available only to a certain point; it is finite. So lying within the development or realization of this value in a goods-for-money relation is the seed for the reversal of this relation. Money then no longer serves primarily for the exchange of commodities; instead commodities serve to multiply money. More money becomes the end in itself of economic transactions, in which the specific, need-fulfilling goods are no longer the primary purpose of the production and circulation of commodities, but instead become the means through which money can make more money. Capital thereby becomes the impelling motive of mostly private protagonists in the economy who endeavor to derive value from social areas and subjects as widely and deeply as possible, and to instrumentalize them in order to multiply their invested capital.

An economy which serves to satisfy the various needs of its social subjects, and which accordingly engages in the produc-

*Growth, Growth —
Destruction and Scarcity*

*Wachstum, Wachstum —
Zerstörung und Mangel*

mengen repräsentieren. Diese von konkreten Arbeiten abstrahierte, in Zeit gemessene Arbeitsmenge bzw. „geronnene" Arbeitszeit wird ihr Wert.

Wertmäßig erfasst werden Warenmengen im Bruttoinlandsprodukt (BIP), das das geldmäßige Äquivalent für stofflich-dingliche und Dienstleistungsprozesse darstellt. Diese Art der Erfassung ist nur möglich, weil Geld den Waren als Wertspiegel in einem repräsentationslogischen Verhältnis gegenübersteht. Waren und Geld sind darin lediglich unterschiedliche Formen des Wertes.

Geld ist allerdings nicht einfach nur der wertmäßige Ausdruck dieses Warenreichtums. Das für den Wertausdruck bzw. den Tausch der Waren unumgängliche Äquivalent muss allgemeinen Charakter haben, um die Werte aller Waren ausdrücken zu können und um gegen alle Waren austauschbar sein zu können. So wird Geld als der universelle Wertausdruck allgemeines Äquivalent, Repräsentant des Reichtums. Nicht zuletzt aufgrund der wesentlichen Charakteristik des Geldes – seiner inhärenten Möglichkeit, nahezu alles damit kaufen zu können, seiner potentiellen Schrankenlosigkeit – macht es Sinn, Geld akkumulieren zu wollen. Geld ist immer nur begrenzt vorhanden, es ist endlich. So ist mit der Entfaltung bzw. Veräußerung des Wertes in ein Ware-Geld-Verhältnis der Keim für die Verkehrung dieses Verhältnisses gelegt. Geld dient dann nicht mehr primär dem Tausch von Waren, vielmehr dienen Waren der Vermehrung des Geldes. Mehr Geld gerät zum Selbstzweck ökonomischer Transaktionen, in denen die spezifische Bedürfnisse befriedigenden Waren nicht mehr primärer Zweck des Produzierens und Zirkulierens der Waren sind, sondern Mittel, die aus Geld mehr Geld machen sollen. Kapital wird so zum treibenden Motiv zumeist privater Wirtschaftsakteure, die versuchen, gesellschaftliche Bereiche und Subjekte so weit- und tiefgehend wie möglich in Wert zu setzen und diese zur Vermehrung ihres investierten Kapitals zu instrumentalisieren.

Eine Ökonomie, die der Befriedigung der vielfältigen Bedürfnisse ihrer gesellschaftlichen Subjekte dient, also die Produktion und Verteilung von nutzbringenden Dingen und Dienstleistungen – im aristotelischen Sinn das eigentliche Ziel ökonomischer Tätigkeiten[5] – wird im Zuge dieser Mittel-Zweck-Verkehrung demnach zunehmend und bestenfalls zweitrangig.

Dies hat konkrete Auswirkungen: Ein Krankenhaus hat dann in erster Linie nicht mehr den Sinn, Kranke zu heilen,

Dirk Fleischmann
MYFREERANGECHICKENEGGPRODUCTION
von Hühnern, die in einem Hühnerhaus leben,
das auf einem Bauplan von Rosemarie Trockel basiert
Projekt 2002–2004

sondern am Ende einer Abrechnungsperiode mehr Geld einzubringen, als zuvor investiert wurde. Universitäten entwickeln sich zu Institutionen, die primär nicht die Aufgabe haben, Menschen zu bilden oder ihre Erkenntnisfähigkeit zu entwickeln, sondern willige und von kritischem, nach Ursachen forschendem Denken befreite Arbeitskräfte nach den Erfordernissen privater Kapitale zu (ver-)formen, und Universitäten entwickeln sich zu Orten, die von Unternehmen beauftragt im Dienste der Profitmaximierung forschen. Ein Wald wird als Natur und somit als ein für Menschen bedeutender ökologischer Raum oder ästhetischer Komplex nur dann unter diesem Diktat des Kapitals bestehen bleiben können, wenn man „genug" dafür bezahlt hat. Ansonsten dient er als auszubeutende Rohstoffquelle, fällt ggf. der Zerstörung anheim, um als Mittel der Renditesteigerung seinen letzten Dienst zu verrichten.

So wird allmählich alles in Wert gesetzt, quantifiziert, um es schließlich be- und verwertbar machen zu können. Natur wird zur ökonomischen Ressource, Ökonomik zur Chrematistik, und Subjekte werden auf entfremdete ProduzentInnen des Warenreichtums und KonsumentInnen von Waren reduziert.

Die Verdrehtheit dieser Verhältnisse lässt sich verallgemeinern: Als Kapital verlieren qualitativ verschiedene Produkte unterschiedlicher konkreter Arbeiten ihren spezifisch nutzbringenden Charakter und dienen lediglich als Medium oder Trägersubstanz von Werten; sie funktionieren nur noch als Durchgangsformen, die aus Kapital mehr Kapital machen sollen, dienen also

tion and distribution of useful things and services—in an Aristotelian sense, the actual goal of economic activities[5]—accordingly becomes, over the course of this reversal of means and end, increasingly and at best secondary in importance.

This has concrete effects: A hospital then primarily has the sense, no longer of healing the sick, but of at the end of an accounting period bringing in more money than was invested. Universities develop into institutions which no longer have the principal task of educating people or furthering their cognitive faculties, but instead of forming, even distorting, according to the needs of private capital, willing workers who are devoid of critical, cause-investigating thought; universities develop into sites which, under commission from companies, conduct research in the service of maximizing profits. Under this dictatorship of capital, a forest will only be able to remain as nature and accordingly as an ecological space or aesthetic complex with significance for human beings when "enough" has been paid for it. Otherwise it serves as an exploitable source of raw materials and if necessary falls prey to destruction, whereupon it performs its final duty through the increase in a return of investment.

Thus everything is gradually assigned a value, is quantified, so that it may ultimately be rendered evaluable and utilizable. Nature becomes an economic resource, economics is altered into chrematistics, and subjects are reduced to the status of both the alienated producers of a wealth of commodities and the consumers of goods.

The twisted nature of these relationships may be expressed in general terms: As capital, the qualitatively different products of various concrete labors lose their specifically useful character and serve simply as the medium or conveying substance of values. They continue to function only as forms of transition which are supposed to make more money out of money and hence serve a quantitavistic purpose. A simple plus is the fundamental driving force of processes organized upon infinity, whose goal is to use money to make more money, and it ultimately legitimizes, as an inherent necessity with no seeming alternative, a practice which ultimately leads to the estrangement, even the exploitation of humanity and nature. In order that capital grows, nature, an economy in the Aristotelian sense, and also subjects are thereby increasingly subjected

Growth, Growth — Destruction and Scarcity

to laws which are not their own. This is the realization of a capitalist system of society.[6]

In this type of society, temporal regimes and monetary regimes become universal standards which penetrate more and more into the most diverse areas of life, impose regulations upon them, and legitimize social practices in conformity with themselves. Fast food, acceleration from zero to one hundred in three seconds, empty buildings in spite of millions of homeless persons, and the success of Warhol are concrete consequences and expressions of an abstract capitalist logic which has become standard practice and has given rise to a self-heteronomizing society: Laws of self-evaluating value determine predominating practices which previously proceeded in accordance with their own laws. If these transformations of value become a sort of "second nature," a human compulsion, then imperatives to conform to something foreign to one's being along with qualities of estrangement for the subject penetrate right into that subject. This gives rise to inner and outer subject-constitutions which find expression, among other things, in a consumer culture which is flooded with commodities and is destructive to nature. Appearances and quantities thereby become manifestations of the society of beautiful illusion.

3. *On the Contradictory Developmental Interconnection between Value and Material*

From an ecological point of view, the question arises as to what consequences so perverse a production of wealth has for nature. Here we must undertake a simultaneous consideration of the physical-material and the value-based aspects of the capitalist economy, because economic processes of growth or the accumulation of capital exist as real value-material interconnections (GDP and material transformations).

Monetary or capital wealth, with which a capitalist economy is primarily concerned, do not engender themselves on their own. They are the real expression of abstract values which are realized on the basis of concrete material processes. Value, just like use value, is inherent to commodities, so that for its realization, value always requires a use value. The use value is either itself material, as with automobiles and bicycles, or, when it is a matter of immaterial use values such as concerts or operations, it is conveyed

einem quantitativistischen Ziel. Ein simples Plus ist das zentrale Movens der auf Endlosigkeit angelegten Prozesse, aus Geld mehr Geld machen zu wollen, und legitimiert letztlich diese zur Entfremdung, gar zur Knechtung von Mensch und Natur führende Praxis als äußeren Sachzwang, scheinbar alternativlos. Natur, eine Ökonomik im aristotelischen Sinne sowie Subjekte werden so, damit das Kapital wächst, zunehmend Gesetzen unterworfen, die nicht ihre eigenen sind. Das ist die Verwirklichung eines kapitalistischen Gesellschaftssystems.[6]

Zeitregimes und Geldregimes werden in einer derartigen Gesellschaft zu universellen Maßstäben, die zunehmend in die verschiedensten Lebensbereiche eindringen, sie regeln und mit ihnen konforme soziale Praxen legitimieren: Fast Food, von null auf hundert in drei Sekunden, leer stehende Häuser bei millionenfacher Obdachlosigkeit oder Warhols Erfolg sind konkrete Folgen und Ausdruck einer zur Praxis gewordenen abstrakten Kapitallogik mit den Konsequenzen einer sich heteronomisierenden Gesellschaft: Gesetze des sich verwertenden Werts bestimmen vorherrschende Praxen, die zuvor nach eigenen Gesetzen verliefen. Werden diese Wertüberformungen zu einer Art „zweiten Natur", zum menschlichen Zwang, folgen Anpassungszwänge an etwas Wesensfremdes und Entfremdungsqualitäten für das Subjekt bis in das Subjekt hinein. So gestalten sich innere und äußere Subjektkonstitutionen, die ihren Ausdruck u. a. in einer von Waren durchdrungenen und für die Natur zerstörerischen Konsumkultur finden. Äußerlichkeiten und Quantitäten werden so zu Manifestationen der Gesellschaft des schönen Scheins.

3. *Zum widersprüchlichen Entwicklungszusammenhang von Wert und Stoff*

Aus ökologischer Sicht stellt sich die Frage, welche Konsequenzen eine derartig verkehrte Reichtumsproduktion für die Natur hat. Hierzu müssen wir die physisch-stoffliche und die wertmäßige Seite der kapitalistischen Ökonomie zusammendenken, da ökonomische Prozesse des Wachstums bzw. der Kapitalakkumulation als reale wert-stoffliche Zusammenhänge (BIP und Stoffumwandlungen) existieren.

Geld- bzw. Kapitalvermögen, um die es in einer kapitalistischen Ökonomie primär geht, entstehen nicht aus sich selbst heraus. Sie sind der reale Ausdruck abstrakter Werte, die sich auf Grundlage konkreter stofflicher Prozesse

Wachstum, Wachstum — Zerstörung und Mangel

through material prerequisites, in these cases through concert halls or hospitals.

Commodities thus function as the carriers of value while they have an impact for nature in their characteristic as real objects, as useful things. This dynamic relationship is the basis for the natural impact of capitalist societies.

A sum of money designated for permanent investment thus corresponds, not to a constant amount of raw material, but instead to a "flow rate" of natural material which, only in the production process, is qualitatively altered and subsequently conveyed through the circulation sphere onto the market. Material transformations from one quality into another, such as in the case of oil into gasoline or trees into furniture, occur in such mass quantity as to make possible quantitative increases in value.

These economic, qualitative process of the transformation of raw material must accordingly proceed in a double manner—and herein lies the core of the problem. On the one hand, they must proceed on the basis of natural laws as processes of physical-material transformation, but on the other hand as value-based processes under the primacy of the growth of an economy espousing capitalist values in which, however, the material element must conform to the laws of the movement of capital.

Even though turnover value and accumulation are in fact limited therein, nonetheless they are infinitely expandable on a theoretical level. "Only" the corresponding volume of raw material bumps up against natural borders; this has no significance in the value-relationship, but it is of elementary and crucial importance in and for nature.

Value cannot, as Jappe has aptly stated, "be expanded at will without having to fear some objective limitation or other. [...] As a mental construct, form is quantitatively limitless, whereas contents always have limits." (Jappe 2005: 129)

In order to better understand this interrelationship between abstract wealth in the form of money and interconnected, concrete materiality, we must return to the aforementioned forms and reversals.

Value alone does not create surplus value, and money alone does not become capital. Required for this purpose are envelopes into which the value must be inserted. It must assume various forms in order to be able at all to fulfill its defining purpose of permanent exploitation.

realisieren. Wert ist ebenso wie Gebrauchswert den Waren inhärent, so dass Wert zur Realisierung stets einen Gebrauchswert benötigt; der Gebrauchswert ist entweder selbst stofflich wie bei Automobilen und Fahrrädern, oder er wird, wenn es sich um immaterielle Gebrauchswerte wie z. B. Konzerte oder Operationen handelt, durch stoffliche Voraussetzungen vermittelt, hier durch Konzertsäle oder Krankenhäuser.

Waren funktionieren so als Träger von Wert, während sie in ihrer Eigenschaft als reale Objekte, als nutzbare Dinge des Gebrauchs natürlich wirksam sind. In diesem Spannungsverhältnis begründet sich die Naturwirksamkeit kapitalistischer Gesellschaften.

Ein zur permanenten Investition bestimmter Geldbetrag entspricht hierbei nicht einer konstanten Menge Naturstoff, sondern vielmehr einer „Durchsatzrate" von Naturstoff, der erst im Produktionsprozess qualitativ umgeformt und anschließend durch die Zirkulationssphäre auf den Markt getragen wird. Stoffumwandlungen von einer Qualität in eine andere wie im Falle von Öl in Benzin oder von Bäumen in Möbel finden so massenhaft statt, um quantitative Wertsteigerungen zu ermöglichen.

Diese ökonomischen, qualitativen Prozesse der Stoffumwandlung müssen also als doppelte verlaufen – und hier liegt der Kern des Problems. Einerseits müssen sie auf der Grundlage von Naturgesetzen als physisch-stoffliche Umwandlungsprozesse verlaufen, andererseits aber als wertmäßige Prozesse unter dem Primat des Wachstums einer kapitalistischen Wertökonomie, in der allerdings das Stoffliche den Gesetzen der Kapitalbewegung folgen muss.

Geldumsatz und Akkumulation sind dabei real zwar beschränkt, theoretisch jedoch unendlich ausdehnbar. „Nur" der entsprechende Stoffumsatz stößt auf natürliche Grenzen; dies hat zwar im Wertverhältnis keinerlei Bedeutung, ist allerdings in der und für die Natur von elementarer und entscheidender Bedeutung.

Der Wert kann nicht, wie Jappe es treffend formuliert, „nach Belieben erweitert werden, ohne irgendeine objektive Schranke befürchten zu müssen. (...) Die Form als etwas Gedachtes ist quantitativ unbeschränkt, während der Inhalt stets Grenzen hat." (Jappe 2005: 129)

Zum näheren Verständnis dieser Zusammenhänge des abstrakten Reichtums in Geldform und der damit verbundenen konkreten Stofflichkeit müssen wir auf die zuvor genannten Formen und Verkehrungen zurückkommen.

mindpirates
Stephan Vens und Hans Harrow-Sandmann
FUTURA I
2010
Platinen, Trafos, Kondensatoren,
Widerstände / Boards, transformers,
capacitors, resistors
Labor Berlin

So this is how investments are made, how money is "turned over" into the highly varying, concrete materialities which in their economic process of the transformation of natural qualities—that, in the structures of ecological systems, are useful to life in permanent, qualitative processes—become economic resources which, in processes of material transformation, split into useful and harmful substances, and which simultaneously are reduced to a means for maximizing quantitatively calculable values (money).

Thus qualitative processes are subordinated to quantitative goals, are robbed of their ends in themselves, are privatized, are heteronomous. Substances which possess useful characteristics are misused in this process as nothing other than (value-)carriers or as various forms in order to accumulate capital, in order to survive in the pattern of competing capitals, in order to possess more than the others in a "faster-higher-further" which has become "culture." Thus a goal is pursued which has no specific aiming-point. A total lack of measure becomes the measure of all things.

Not only must more and more be constantly produced; the competition does not sleep, so one has to get ahead of it and to produce faster and faster, to bring goods into circulation and onto the market ever more quickly. So the invested capital plus an increment flows back as quickly as possible in order, again at the beginning of this *circulus vitiosus*, to return even more in the next round. The success of the previous investment grows pale in this manner as quickly as possible, in the hope of even greater success, and so forth.
…

Thus acceleration and profit maximization become the immutable goals of the "dominating couple" of time and value which, in the realm of capital, rules without democratic legitimization and respects limits neither outwardly nor inwardly. Not yet capitalized spaces are scrutinized and in some cases appropriated, behavior of the subject which is not commodity-formed is brought into accord with this wherever possible; otherwise it is constricted, excluded, or even stigmatized. The faster that values are realized, the more fleeting and invisible their attained riches become, and the more manifest the concrete consequences for most people and for nature— for value alone does not create surplus value.

*Growth, Growth —
Destruction and Scarcity*

*Wachstum, Wachstum —
Zerstörung und Mangel*

Wert allein schafft nicht Mehrwert, und Geld allein wird nicht zu Kapital. Hierzu bedarf es Hüllen, in die der Wert schlüpfen muss. Er muss also unterschiedliche Formen annehmen, um überhaupt seinen bestimmenden Zweck der permanenten Verwertung erfüllen zu können.

So wird investiert, Geld „umgesetzt" in die unterschiedlichsten konkreten Stofflichkeiten, die in ihrem ökonomischen Prozess der Umwandlung von Naturqualitäten, welche in ökosystemischen Gefügen dem Leben in permanenten qualitativen Prozessen dienlich sind, zu ökonomischen Ressourcen werden, die sich in Prozessen der Stoffumwandlung in Nutz- und Schadstoffe spalten und die zugleich zu einem Mittel der Maximierung quantitativ erfassbarer Größen (Geld) reduziert werden.

Qualitative Prozesse werden so quantitativen Zielsetzungen untergeordnet, werden ihres Selbstzwecks beraubt, fremdbestimmt privatisiert. Mit nutzvollen Eigenschaften behaftete Substanzen werden also nur als (Wert-)Träger bzw. als unterschiedliche Formen in diesem Prozess missbraucht, um Kapital zu akkumulieren, um im Geflecht konkurrierender Kapitale bestehen zu können, um in einem zur „Kultur" gewordenen „Schneller-Höher-Weiter" ein Mehr als die anderen zu haben. So wird ein Ziel verfolgt, welches keinen Zielpunkt hat. Maßlosigkeit wird zum Maß der Dinge.

Es muss nicht nur immer mehr produziert werden; die Konkurrenz schläft nicht, also muss man ihr zuvorkommen und immer schneller produzieren, die Waren immer schneller in Umlauf und auf den Markt bringen. So fließt das eingesetzte Kapital plus einem Inkrement schnellst möglich zurück, um wieder am Anfang dieses Circulus vitiosus' in der nächsten Runde noch mehr einbringen zu können. Der Erfolg der vorangegangenen Investition verblasst auf diese Weise möglichst schnell, in der Hoffnung auf größeren Erfolg usw. …

Beschleunigung und Profitmaximierung werden so zu unverrückbaren Zielen des „Herrschaftspaares" von Zeit und Wert, welches im Reich des Kapitals ohne demokratische Legitimation regiert und weder Grenzen nach außen noch nach innen respektiert. Noch nicht kapitalisierte Räume werden beäugt und ggf. beansprucht, nicht warenförmiges Verhalten der Subjekte wird womöglich wertüberformt, ansonsten eingeengt, ausgegrenzt oder gar stigmatisiert. Je schneller sich Werte verwerten, desto flüchtiger, unsichtbarer

Wachstum, Wachstum — Zerstörung und Mangel

werden ihre gebildeten Reichtümer und desto manifester die konkreten Folgen für die meisten Menschen und die Natur – denn Wert allein schafft nicht Mehrwert.

4. *Widersprüche sichtbar machen. Von Substanzen und Qualitäten und vom Ende des Bisherigen*

Worin liegen nun die Probleme in der Natur-Kapital-Beziehung?

Im Gegensatz zur Kapitalakkumulation hat Wachstum in der Natur natürliche Grenzen. Naturentwicklungen, Naturveränderungen heißt, unterschiedliche qualitative Zustände zu durchlaufen: vom Entstehen über das Ausgewachsensein bis zum Absterben. Sättigung, Vergänglichkeit oder Erneuerung sind hierbei wesentliche Naturverfasstheiten. In der Natur muss sich nicht alles rechnen, um bestehen zu können.

Während sich soziale Ausbeutungsprozesse verdecken lassen, ihre Betroffenen sich täuschen lassen, lässt Naturausbeutung sich weniger verdecken, und Natur lässt sich in Bezug auf die Folgen ihrer Übernutzung nicht täuschen.

Es offenbaren sich also Widersprüche, die die jeweiligen Systeme (Natur und Kapital) wesentlich konstituieren:

Quantitativ endlose Zielsetzungen widersprechen qualitativen Prozessen von Veränderungen. Ein Je-mehr-desto-mehr, also positive Rückkopplungssysteme, führt in der Natur früher oder später zum Kippen von Systemen; Prozesse der Kapitalverwertung, des maßlosen Immer-mehr sind positive Rückkopplungssysteme, unumgängliche wesentliche Prozesse zum Fortbestand der kapitalistischen Ökonomie.

Wollte man nun diese und eine Reihe weiterer Widersprüchlichkeiten auflösen, müsste sich entweder die Natur an das Kapital oder das Kapital an die Natur anpassen, was in beiden Fällen „Wesensbrüchen" gleichkommen würde.

In der Praxis realisieren sich diese und andere Widersprüche als Einheit, wobei das Primat der Kapitalakkumulation gilt, was heißt, dass Natur sich dem Kapital unterordnen, beugen muss, mit fatalen Konsequenzen:

Neben positiven Gebrauchswerten, Nutzstoffen in Warenform, entstehen in massenhaften Prozessen der Stoffumwandlung zugleich auch negative Gebrauchswerte, d. h. Schadstoffe. Überschreiten gleichartige Prozesse eine bestimmte Größe bzw. Anzahl, schlagen diese um – bei

4. *Making Contradictions Visible. On Substances and Qualities and the End of Hitherto Existing "Things"*

Where lie the problems in the relationship between nature and capital?

In contrast to the accumulation of capital, growth has natural limitations in nature. Natural developments, natural changes mean evolving through different qualitative states: from creation past full-grown maturity all the way to death. Saturation, perishability, or renewal are here essential natural states. In nature, not everything must be calculated in order to be able to continue to exist.

Whereas processes of social exploitation can be covered up and their victims deceived, the exploitation of nature is harder to hide, and nature does not allow itself to be deceived with regard to the consequences of its overuse.

Thus there come to the fore contradictions which are the essential constitutive elements of the respective systems (nature and capital).

Quantitatively endless goals contradict qualitative processes of change. An ethos of "the more, the better," i.e. of positive feedback systems, leads in nature sooner or later to the toppling of system. Processes of capital realization, of immoderate more-and-more are positive feedback systems, unavoidable systems essential to the continuation of the capitalist economy.

If one wished to annul these along with a series of further contradictions, it would be necessary to adapt either nature to capital or capital to nature, which in both cases would be equivalent to "ruptures of being."

In practice, these and other contradictions realize themselves as a unity which gives primacy to the accumulation of capital, which dictates that nature must subordinate itself to capital, must yield with fatal consequences.

Alongside positive use values, practical materials in the form of commodities, there simultaneously arise in mass processes of material transformation negative utility values as well, i.e. toxic substances. If processes of a similar type exceed a certain magnitude or number, they are altered radically—upon passing beyond a quantum—a new quality grows. This "natural law" can have crucial effects in the context of an ecological system, for along with the vast dimensions of economic growth there exist in the meantime copious processes of material transforma-

Growth, Growth — Destruction and Scarcity

Überschreitung eines Quantums erwächst eine neue Qualität. Dieses „Naturgesetz" kann in ökosystemischem Kontext entscheidende Wirkungen haben, denn mit den ökonomischen Wachstumsausmaßen existieren mittlerweile massenhafte stoffliche Umwandlungsprozesse von einer Qualität in eine andere, von Ressourcen bzw. Rohstoffen einerseits in Nutzstoffe, andererseits in Schadstoffe.

Wertsteigerung sowie Gebrauchswertsteigerung, also Warenwachstum, führt nicht nur zu Schadstoffsteigerungen und den daraus folgenden direkten wie indirekten Naturzerstörungen, sondern auch zu wachsendem Mangel an Ressourcen, denn im Zugriffsraum ökonomisch nutzbarer Stoffe – auf dem gesamten Planeten – kommt in für die Menschheit relevanten Zeiträumen praktisch nichts an brauchbaren Stoffen hinzu.

Peak Oil und das globale Fördermaximum einer Reihe weiterer Stoffe sind Vorboten eines Postfossilismus, der dem mit Zivilisation gleichgesetzten und zum Leitbild gewordenen Industrialismus unzweifelhaft ein Ende setzen wird.

Wenn es kaum noch etwas zu verteilen gibt, beginnt der gegenseitige Raub, beginnen die inzwischen bereits zur Wirklichkeit gewordenen spätfossilistischen Verteilungskämpfe. Um den Zugang zuund den Zugriff auf Ressourcen zu garantieren, wird Geostrategie zu militärischen Auslandseinsätzen mit humanitären Zielen umgedeutet, und „Sicherheitspolitik", die ihren Ausdruck nicht zuletzt in steigenden Rüstungsausgaben findet[7], wird zum Synonym für eine Politik der Bestandssicherung, zum Synonym eines unbedingten „Weiterso", damit der Moloch des Wachstums sich immer weiter vergrößern kann. Offen sind hierbei lediglich das Ausmaß, die Zeiträume und die Dynamiken dieses schon begonnenen unfreiwilligen Paradigmenwechsels.

Die diesen Entwicklungen zu Grunde liegenden Gesetze der Ökonomie und der Natur werden von maßgeblichen EntscheidungsträgerInnen in den Regierungen und Chefetagen zumeist ignoriert. Sie fügen sich, teils schicksalhaft, dem Lauf der Zerstörung – kontemplativ, ideologisch verdreht –, als wäre diese Entwicklung gott- oder naturgegeben oder suchen – wenn überhaupt – vor allem auf den Feldern der Moral und der Technologie nach „mildernden Umständen".[8]

Kapitallogik wird in unterschiedlichen Strategien praktisch umgesetzt, und aus diesen Praxen der Geldvermehrung sowie der politischen Ignoranz an entscheidenden Hebeln

tion from one quality into another, from resources or raw materials into useful substances on the one hand, and harmful substances on the other.

The increase in value as well as in use value, i.e. the growth of commodities, leads not only to a rise in toxic substances and the resultant direct and indirect destruction of nature, but also to a growing lack of resources, for in the access space of economically useful materials—throughout the entire planet—there is added, during the spaces of time relevant for humanity, practically nothing in terms of useful materials.

Peak oil and the globally attainable maximum for a series of further materials are the precursors of a post-fossilism which doubtlessly will bring an end to the industrialism which is equated with civilization and has become a general principle.

When there is scarcely anything left to distribute, there will begin mutual theft, the competition for resources which meanwhile has already become reality in the late fossil-fuel era. In order to guarantee the approach and access to resources, geostrategy is reframed into foreign military involvement with humanitarian goals, and the "politics of security," which comes to expression not least of all in rising expenditures on weaponry,[7] becomes the synonym for a politics of preserving the status quo, the synonym for an unconditional "more of the same," so that the Moloch of growth can constantly increase. The only factors remaining open here are the dimensions, the space of time, and the dynamics of this already-begun, involuntary paradigm shift.

The laws of economics and nature which lie at the heart of these developments are most often ignored by the leading decision-makers in governments and businesses. They submit with partial fatalism to the course of destruction—contemplatively, with perverse ideology—as if this development were dictated by God or by nature, or they seek—if at all—"mitigating circumstances" above all in the fields of morality and technology.[8]

The logic of capital attains practical realization through various strategies, and arising out of these practices of increasing money as well as out of political ignorance at crucial power centers are the destruction of variety and the growing lack of different qualities, something which is evident in the lack of resources, the extinction of species, the destruction through

*Growth, Growth —
Destruction and Scarcity*

climate change, and the rising disallowment of modes of living outside the logic of capital.

The protagonist of capital accumulation, of the maximization of individual utility, who transforms himself into *homo oeconomicus*, thus becomes a socially irrational „sub-object" as the result of specific social structures and his „own" individual activity.

Productive forces in the economy are simultaneously destructive forces for nature (including humanity), whereby the destructive forces just as the wealth of commodities have attained a dimension previously unknown in human history, one which for the first time not only calls into question, but also increasingly makes impossible the current form of civilization which is designated as high culture.

5 *The Beginning of the New?*

What must now follow? The ideology according to which declines in growth or even shrinking economies are exclusively negative or bad has been revealed as such. Lessened production and consumption of commodities can also have as a consequence the reduced destruction of nature. A shrinking economy with decreasing volumes of work creates new spaces and free times, sets energies free for other, alternative practices of working and living. For example, the entering into relationship with other subjects, the perceiving of them as such and not as the means or purveyors of economic success is another quality of life—one which is not equivalent to the extent of the goods which one is capable of amassing around oneself.

Downtimes are required for maintaining oneself, for developing oneself; this is true not only for the individual subject, but also and even more for external nature! A lessening of its economic exploitation means a supporting of its development.

There is no alternative to nature, and there are no alternatives to the economy, but there are alternatives to the present capitalistic form of the economy. How this could actually look must be developed and tried out, whereby the question as to the feasibility of realizing another economy—one without capital—may be answered aptly, in my opinion, by a statement of Herbert Marcuse: „The unrealistic sound of this claim points, not to its utopian character, but to the violent power of the forces which stand in the way of its realization." (Marcuse 1967: 24)

der Macht folgen die Zerstörung der Vielfalt, und der wachsende Mangel an unterschiedlichen Qualitäten, was am Ressourcenmangel, am Artensterben, an den Zerstörungen durch den Klimawandel und an der zunehmenden Verunmöglichung von Lebensweisen jenseits der Kapitallogik evident wird.

Der sich zum homo oeconomicus umformende Akteur der Kapitalakkumulation, der individuellen Nutzen maximierung, wird so zum gesellschaftlich irrationalen „Sub-Objekt" als Resultat spezifischer Gesellschaftsstrukturen und seines „eigenen" Handelns.

Produktivkräfte der Ökonomie sind zugleich Destruktivkräfte für die Natur (einschließlich der Menschen), wobei die Destruktivkräfte ebenso wie der Warenreichtum ein in der Menschheitsgeschichte bisher unerreichtes Ausmaß erreichten, das erstmals die gegenwärtige Zivilisationsform, die als Hochkultur bezeichnet wird, nicht nur in Frage stellt, sondern zunehmend unmöglich macht.

5. *Der Anfang des Neuen?*

Was muss nun folgen? Die Ideologie, der zufolge Wachstumseinbrüche oder gar schrumpfende Ökonomien ausschließlich negativ bzw. schlecht seien, ist als solche enthüllt. Verringerte Warenproduktion und -konsumtion kann auch geringere Naturzerstörung zur Folge haben. Eine schrumpfende Ökonomie mit sinkenden Arbeitsvolumina schafft neue Räume, Frei-Zeiten, setzt Energien frei für andere, alternative Arbeits- und Lebenspraxen. Das Sich-Beziehen auf andere Subjekte, diese als solche wahrzunehmen und nicht als Mittel oder Vermittler ökonomischen Erfolgs, ist bspw. eine andere Lebensqualität – eine, die nicht gleichsetzt wird mit dem Umfang der Waren, die man, um sich zu scharen in der Lage ist.

Sich selbst zu bewahren, um sich zu entwickeln, braucht Auszeiten; das gilt nicht nur für das individuelle Subjekt, es gilt auch und umso mehr für die äußere Natur! Ein Schrumpfen ihrer ökonomischen Beanspruchung heißt also, ihre Entwicklung zu befördern.

Es gibt keine Alternative zur Natur, und es gibt auch keine Alternativen zur Ökonomie, aber es gibt Alternativen zur gegenwärtigen kapitalistischen Form der Ökonomie. Wie diese aussehen können, gilt es zu entwickeln und zu probieren, wobei sich die Frage nach der Realisierbarkeit einer anderen Ökonomie – ohne Kapital – meines Erachtens treffend mit einem Satz Herbert Marcuses beantworten lässt:

*Wachstum, Wachstum —
Zerstörung und Mangel*

Sylvie Fleury
LADDER, 2007
23,5 Karat Gold auf Bronze /
23,5 carat gold on bronze
Courtesy Galerie Thaddaeus
Ropac Paris / Salzburg
Foto: Ulrich Ghezzi

Hence the realizability of a radical social alternative is not objectively impossible—like the widely desired technical prerequisites[9]—but instead is dependent on relationships between social forces which can be altered in the here and now through subjective practice, for an innocuous continuation of what up to now has been a course of destructive growth is simply not possible.

What is needed is another economy, a more highly developed form of economics, other politics, and also other value systems and fundamental principles, in other words another social system.

But required for this purpose are subjects who are not contented simply with idealizing their unlived social practice as an inner system of moral aspirations, something which can possibly solidify into "being a good person." They must have the courage, energy, will, and capability to develop their moral aspirations into a social-emancipatory practice which endeavors to realize the primacy of human needs in a sustainable and globally just manner.[10] For morality or even criticism without practice is a half-measure just like practice without criticism.

SOURCES:

— Aristoteles (2006): *Nikomachische Ethik*, Rowohlt Verlag, Hamburg.
— Daly, Herman Edward (1991): Steady-state economics. 2nd edition with new essays, D.C. Island Press, Washington.
— Georgescu-Roegen, Nicholas (1971): The entropy law and the economic process. Harvard University Press, Cambridge, London.
— Hauff, Volker (ed.) (1987): *Unsere Gemeinsame Zukunft. Der Brundtland-Bericht der Weltkommission für Umwelt und Entwicklung.* Greven. Eggenkamp Verlag; no city named.
— Jappe, Anselm (2005): *Die Abenteuer der Ware. Für eine neue Wertkritik.* Unrast Verlag, Münster.
— Karathanassis, Athanasios (2003): *Naturzerstörung und kapitalistisches Wachstum. Ökosysteme im Kontext ökonomischer Entwicklungen.* VSA-Verlag, Hamburg.
— Loske, Reinhard (1990): *Klimaschutz I–III. Von Tätern, Opfern und Grenzen.* Kommune 8th Volume No. 6, No. 7, No. 8; no city named.
— Marcuse, Herbert (1967): *Der eindimensionale Mensch.* Suhrkamp Verlag, Frankfurt am Main.
— Marx, Karl / Engels, Friedrich (1962 ff): *Werke* (quoted as MEW) Dietz Verlag, Berlin.
— McNeill, John (2005): *Blue Planet. Die Geschichte der Umwelt im 20. Jahrhundert.* Frankfurt am Main.
— Meadows, Dennis; Randers, Jörgen; & Meadows, Donella (2009): *Grenzen des Wachstums. Das 30-Jahre-Update. Signal zum Kurswechsel,* Stuttgart.
— Organisation für wirtschaftliche Zusammenarbeit und Entwicklung (ed.) (1999): OECD Environmental data. Compendium 1999. Paris.

„Der unrealistische Klang dieser Behauptung deutet nicht auf ihren utopischen Charakter hin, sondern auf die Gewalt der Kräfte, die ihrer Verwirklichung im Wege stehen."
(Marcuse 1967:24)

Demnach ist die Realisierbarkeit einer im wahrsten Sinne des Wortes notwendigen radikalen gesellschaftlichen Alternative nicht objektiv unmöglich – wie die vielfach erwünschten technischen Erfordernisse[9] –, sondern abhängig von sozialen Kräfteverhältnissen, die im Hier und Jetzt durch subjektive Praxis zu verändern sind, denn eine folgenarme Fortsetzung des bisherigen zerstörerischen Wachstumskurses ist schlichtweg nicht möglich.

Es bedarf einer anderen Ökonomie, einer höher entwickelten Ökonomik, anderer Politiken und auch anderer Wertesysteme und Leitbilder, also eines anderen Gesellschaftssystems.

Doch hierzu bedarf es Subjekte, die sich nicht damit begnügen, ihre nicht gelebte soziale Praxis als inneres System moralischer Ansprüche zu idealisieren, was sich dann möglicherweise zum „Gutmenschentum" verfestigt. Sie müssen den Mut, die Kraft, den Willen und die Fähigkeit

*Growth, Growth —
Destruction and Scarcity*

haben, ihre moralischen Ansprüche in einer sozial-emanzipatorischen Praxis zu verwirklichen, die das Primat menschlicher Bedürfnisse nachhaltig und global gerecht umzusetzen versucht.[10] Denn Moral oder selbst Kritik ohne Praxis ist ebenso halbiert wie Praxis ohne Kritik.

SOURCES:

— Rösch, Frederik (2010): *Fossilismus im Spannungsverhältnis von sozio-ökologischen Risiken und ökonomischen Interessen.* Unpublished diploma thesis.
— Sieferle, Rolf Peter (2003): *Der europäische Sonderweg. Ursachen und Faktoren.* Stuttgart.
— SIPRI Yearbook (2010): *Armaments, Disarmaments and International Security-Summary*; no city named

1. Cf. for more details in this regard: McNeill (2005).
2. Relative to these multiplications of material consumption and commodity growth, efficiency in the use of energy and materials has scarcely risen at all. For example, the use of energy per produced unit declined by around 33% (OECD 1999) from 1970 to 1991, in other words approximately by a factor of 1.33. Similar dimensions are valid for the developments in material efficiency.
3. Further information in this regard may be found in Hauff (1987) and Loske (1990), et. al.
4. Cf. for more details in this regard Meadows (2009).
5. Aristotle distinguishes between chrematistics and economics. Whereas economics designates that "art of purchase" which limits itself to the "acquisition of those goods which are necessary for life and useful for the house or the State" (MEW 23: 167)—"true wealth consists of these sort of use values; for the amount of this type of possession which suffices for the good life is not limitless" (ibid.)—, a second type of "art of purchase" is designated with the term "chrematistics," in which there exists no limit to wealth and property. An economy in which the use value predominates does not belong to chrematistics. It differentiates itself from economics in that its goal is limitless enrichment. Thus economics strives for "something different from money itself" (ibid.), whereas chrematistics aims at the increase of money. (Detailed information in this regard may be found in Aristotles' *Nicomachaen Ethics*, et al.)
6. Analogous relationships may be found, for example, in medicine: Unlimited growth, arising at various sites, means in medicine a metastasizing cancer which, if left untreated, destroys the entire organism.
7. Cf. for more detailed information in this regard: SIPRI Yearbook (2010).
8. The growing number of wind turbines and solar panels is not the result of a rethinking in favor of a regenerative or even sustainable economy, but instead indicates the growing lack of fossil fuels, which gradually are becoming insufficiently available in order to meet the material requirements of an exorbitantly "self-aggrandizing" value.
9. It is completely utopian to believe that it is possible to compensate for dimensions of consumption and growth which up to now have increased by a factor of forty or fifty through increases in efficiency with factorial magnitudes of single digits. This is the expression of a widespread belief in technology which causes fictions to seem to be realistic scenarios for the future.
10. Daly's simile of the Plimsoll Line is helpful in this regard, for the problem of as large as possible an overall amount and its distribution exists both on a boat and throughout our planet: "A limit for total mass would here have to be linked to a uniform distribution of the remaining, now reduced! overall amount between core and periphery."

QUELLEN:

— Aristoteles (2006): *Nikomachische Ethik*, Rowohlt Verlag, Hamburg.
— Daly, Herman Edward (1991): *Steady-state economics. 2nd edition with new essays*, D.C. Island press, Washington.
— Georgescu-Roegen, Nicholas (1971): *The entropy law and the economic process.* Harvard University Press, Cambridge, London.
— Hauff, Volker (Hrsg.) (1987): *Unsere Gemeinsame Zukunft. Der Brundtland-Bericht der Weltkommission für Umwelt und Entwicklung.* Greven. Eggenkamp Verlag, o. O.
— Jappe, Anselm (2005): *Die Abenteuer der Ware. Für eine neue Wertkritik.* Unrast Verlag, Münster.
— Karathanassis, Athanasios (2003): *Naturzerstörung und kapitalistisches Wachstum. Ökosysteme im Kontext ökonomischer Entwicklungen.* VSA-Verlag, Hamburg.
— Loske, Reinhard (1990): *Klimaschutz I–III. Von Tätern, Opfern und Grenzen.* Kommune 8. Jahrgang Nr. 6, Nr. 7, Nr. 8, o. O.
— Marcuse, Herbert (1967): *Der eindimensionale Mensch.* Suhrkamp Verlag, Frankfurt am Main.
— Marx, Karl / Engels, Friedrich (1962 ff): *Werke* (zit. als MEW) Dietz Verlag, Berlin.
— McNeill, John (2005): *Blue Planet. Die Geschichte der Umwelt im 20. Jahrhundert.* Frankfurt am Main.
— Meadows, Dennis; Randers, Jörgen; & Meadows, Donella (2009): *Grenzen des Wachstums. Das 30-Jahre-Update. Signal zum Kurswechsel.* Stuttgart.
— Organisation für wirtschaftliche Zusammenarbeit und Entwicklung (Hrsg.) (1999): *OECD Environmental data. Compendium 1999.* Paris.
— Rösch, Frederik (2010): *Fossilismus im Spannungsverhältnis von sozio-ökologischen Risiken und ökonomischen Interessen.* Unveröffentlichte Diplomarbeit.
— Sieferle, Rolf Peter (2003): *Der europäische Sonderweg. Ursachen und Faktoren.* Stuttgart.
— SIPRI Yearbook (2010): *Armaments, Disarmaments and International Security-Summary*, o. O.

1. Vgl. hierzu ausführlich: McNeill (2005).
2. Relativ zu diesen Vervielfachungen von Stoffverbräuchen und des Warenwachstums stieg die Energie- und Materialeffizienz kaum. So verringerte sich beispielsweise der Energieverbrauch je produzierter Einheit von 1970 bis 1991 um ca. 33 % (OECD 1999), also ca. um den Faktor 1,33. Ähnliche Größenordnungen gelten für die Entwicklungen der Materialeffizienz.
3. Näheres hierzu ist u. a. bei Hauff (1987) und bei Loske (1990) zu finden.
4. Vgl. hierzu ausführlich: Meadows (2009).
5. Aristoteles unterscheidet zwischen der Chrematistik und der Ökonomik. Während Ökonomik die „Erwerbskunst" bezeichnet, die sich „auf die Verschaffung der zum Leben notwendigen und für das Haus oder den Staat nützlichen Güter" (MEW 23: 167) beschränkt – „der wahre Reichtum besteht aus solchen Gebrauchswerten; denn das zum guten Leben genügende Maß dieser Art von Besitz ist nicht unbegrenzt" (ebd.) –, wird eine zweite „Erwerbskunst" mit dem Begriff Chrematistik bezeichnet, in der keine Grenze des Reichtums und Besitzes existiert. Eine Ökonomie, in der Gebrauchswert vorherrscht, gehört also nicht zur Chrematistik. Sie unterscheidet sich von der Ökonomik dadurch, dass ihr Ziel die grenzenlose Bereicherung ist. Somit bezweckt die Ökonomik ein „vom Geld selbst Verschiedenes" (ebd.), während die Chrematistik seine Vermehrung bezweckt. (Ausführliches hierzu u. a. in Aristoteles' ‚Nikomachische Ethik".)
6. Analoge Verhältnisse finden sich bspw. in der Medizin: Unbegrenztes Wachstum, ausgehend von unterschiedlichen Orten, bedeutet in der Medizin metastasierender Krebs, der unbehandelt den Gesamtorganismus tötet.
7. Vgl. hierzu ausführlich: SIPRI Yearbook (2010).
8. Die wachsende Anzahl an Windrädern und Solarpanels sind nicht Resultat eines Umdenkens zu einer regenerativen oder gar nachhaltigen Ökonomie, sondern Ausdruck des zunehmenden Mangels fossiler Energieträger, die allmählich nicht mehr ausreichend vorhanden sind, um den stofflichen Erfordernissen des sich maßlos verwertenden Werts zu genügen.
9. Gänzlich utopisch ist es zu meinen, Verbrauchs- und Wachstumsausmaße, die bisher um den Faktor 40 oder 50 stiegen, durch Effizienzsteigerungen mit Faktorgrößen im einstelligen Bereich kompensieren zu können. Das ist Ausdruck einer weit verbreiteten Technikgläubigkeit, die Fiktionen als realistische Zukunftsszenarien erscheinen lässt.
10. Dalys Gleichnis der Plimsoll-Line ist hierbei hilfreich, denn das Problem einer maximalen Gesamtmenge und ihrer Verteilung existiert sowohl auf einem Boot als auch auf unserem Planeten: Eine Gesamtlastengrenze müsste hierbei mit einer gleichmäßigen Verteilung der verbleibenden, nun aber reduzierten „Gesamtmenge" zwischen Kern und Peripherie verbunden werden.

*Wachstum, Wachstum —
Zerstörung und Mangel*

G—P

ULRICH GEBERT

Die fotografischen Bildzyklen- und -serien von Ulrich Gebert (geboren 1976, lebt in München) kreisen oft um das Verhältnis des Menschen zu seiner Umwelt, konkret zur Natur. Wie schreiben sich Einzelne oder eine Gesellschaft in ihren Lebensraum ein, wie machen sie sich diesen zunutze, welche Phänomene der Unterwerfung, Kontrolle und Ausbeutung von Umwelten sind bei der Bestellung der Erde durch menschliche Zivilisationen zu beobachten? Kategorisierung, Funktionalisierung und Instrumentalisierung sind Handlungsbegriffe, die in diesem Zusammenhang für den Künstler eine Rolle spielen. Je nach Thema und Kontext wählt er aus der Bandbreite fotografischer Möglichkeiten eine dokumentarische, inszenatorische, stilllebenartige oder auf gefundenem Material basierende Darstellungsweise.

In der aus mehreren Tableaus bestehenden Arbeit „Typus" untersucht Ulrich Gebert den enzyklopädischen Charakter jener fotografischer Typologien, die gerade im 19. Jahrhundert in besonderer Weise zur Einteilung der Welt und zur positivistischen Grundierung des modernen Wissens bis hin zu seinen rassistischen Deformationen beigetragen haben. Jedes Tableau besteht aus sieben gerahmten, sachlich anmutenden Einzelfotografien von Nadelholzgewächsen, die in Machart und Anordnung zunächst an die serielle Fotografie von Bernd und Hilla Becher erinnern. Beigeordnet ist ihnen ein „Verzeichnis ungültiger Namen", eine Liste unüblich gewordener lateinischer Bezeichnungen solcher Gewächse. Durch die formale Zusammenstellung der Bilder – die von Gebert in öffentlichen Parks und Gärten in England aufgenommen wurden – wird die Herausbildung eines bestimmten Typus' suggeriert und das Thema der Kontrolle, Zurichtung und Selektion der Pflanzen aufgerufen. Durch die Auflistung kategorisch als „ungültig" erklärter Namen werden kollaterale Ausschlussmomente einer standardisierten Zurichtung von Natur angedeutet. Mit der Arbeit „Typus" richtet Gebert den Blick auf Normierung, Ordnung, Kontrolle und Regulierung von Wachstum.

Eine ähnliche Fokussierung kennzeichnet auch seine neue Serie „Dr. Kobers Sorge um die Zuchtwahl". Ihren Ausgangspunkt bildet vorgefundenes Bildmaterial zur Hunderasse der Pulis, einer Züchtungsform ungarischer Hirtenhunde. Das ohnehin extrem ausgebildete Merkmal dieser Hunde – ihr an Rasta-Zöpfe erinnerndes Fell – wurde vom Künstler am Computer durch digitale Stauchung und Eliminierung der Rümpfe und Köpfe ins Extrem getrieben. Weitere Bestandteile dieser Fotoserie sind Motive, die Sachaufnahmen von Werkzeugen aus der Pelzindustrie darstellen und einen Zusammenhang zwischen unterschiedlichen Nutzungen von Tieren durch den Menschen vorschlagen. Der Titel der Serie geht zurück auf Geberts Lektüre des Buches „Mein Hund" (1952) des deutschen Tierarztes, Züchters, Zuchtwarts und Preisrichters für Hirtenhunde Dr. Ulrich Kober. In diesem Buch – das nur sieben Jahre nach dem Ende der nationalsozialistischen Diktatur in Deutschland erschien – ist unter anderem von Kobers Sorge um die Degeneration des Genpools verschiedener Rassehunde zu lesen. Wo im menschlichen Verständnis von Wachstum ein wesentlicher Aspekt in dessen Steuerung zu liegen scheint, da können Ulrich Geberts Arbeiten als kritische Hinweise auf den instrumentalisierenden und unterwerfenden Charakter eines solchen Verständnisses gelesen werden. Die abstrakten Fellwesen in „Dr. Kobers Sorge um die Zuchtwahl" lassen dabei sowohl an Mary Shelleys „Frankenstein" wie an plastische Chirurgie als auch an Genetic Engineering denken.

DR. KOBERS SORGE
UM DIE ZUCHTWAHL (3)
2010
Gelatine-Silber-Print auf Alu-
Dibond-Konstruktion / Gelatin
silver print on aluminum dibond
Courtesy der Künstler und
Galerie KLEMM'S, Berlin

The photographic picture cycles and series by Ulrich Gebert born in 1976, lives in Munich) often revolve around the relationship of humans to their surroundings, specifically to nature. How do individuals or societies inscribe themselves in it, how do they utilize it and which phenomena of subjugation, control and exploitation of environments can be observed in the tilling of the earth by human civilizations? Categorization, functionalization and instrumentalization are concepts of action that play a role for the artist in this context. Depending on the theme and context, he chooses from the broad range of photographic possibilities a mode of depiction that is either documentary, stage-like, reminiscent of still lifes, or based on found material.

In "Typus," a work consisting of several tableaux, Ulrich Gebert examines the encyclopedic character of the photographic typologies that, particularly in the 19th century, contributed in a special way to subdividing the world and to underpinning modern knowledge in a positivistic manner—all the way to its racist deformations. Each tableau consists of seven framed, seemingly objective single photographs of conifers, which in regard to style and arrangement initially remind one of Bernd and Hilla Becher's serial photography. They are accompanied by an "index of invalid names," a list of the Latin designations of these plants that have become uncommon. Through the formal compilation of the pictures—which Gebert shot in public parks and gardens in England—the emergence of a specific type is suggested and the theme of controlling, regulating and selecting the plants is raised. By listing names categorically declared "invalid," allusions are made to collateral moments of exclusion in a standardized preparation of nature. With "Typus," Gebert draws attention to the standardization, order, control and regulation of growth.

A similar focus also characterizes his new series, "Dr. Kobers Sorge um die Zuchtwahl." The starting-point is found picture material of the puli breed of dog, a Hungarian sheepdog. The extremely distinctive feature of these dogs—their long thick coat reminding one of dreadlocks—was

TYPUS
2005
Ausstellungsansicht ASPN Galerie, Leipzig
Courtesy der Künstler

exaggerated by the artist on the computer by means of compression and the elimination of torsi and heads. Further components of this photo series are motifs objectively depicting tools of the fur industry and suggesting a relation to the various ways in which man utilizes animals. The title of the series goes back to Gebert's reading of the book "Mein Hund" (1952) by the veterinarian, breed warden and competition judge for sheepdogs, Dr. Ulrich Kober. In this book—published in Germany just seven years after the end of the National Socialist dictatorship—one can read about Kober's concern about the degeneration of the gene pool of various thoroughbred dogs. Where in the human understanding of growth a decisive aspect seems to lie in its control, Ulrich Gebert's works can be read as critical references to the instrumentalizing and subjugating character of this understanding. The abstract furry beings in "Dr. Kobers Sorge um die Zuchtwahl" remind one of both Mary Shelley's "Frankenstein" and of plastic surgery and genetic engineering.

TUE GREENFORT

Tue Greenfort (geboren 1973 in Holbæk/DK, lebt in Berlin) beschäftigt sich mit Verhältnissen zwischen Mensch und Natur und den Auswirkungen menschlicher Handlungen auf das Ökosystem, insbesondere auf Energie- und Stoffkreisläufe. Mit seinen Skulpturen und Installationen lenkt er den Blick auf Problemfelder, die sich durch Wachstumsprozesse ergeben. Mehr als um eine im Rahmen der Kunst geäußerte Kritik an Umweltverschmutzung oder Anleitung zur Ressourcenschonung handelt es sich dabei vielmehr um politisch aufgeladene, ästhetische Anordnungen, die mit Referenzen zur Minimal Art und Konzeptkunst operieren.

So ist die Arbeit „Plant Oil Circulation – After Hans Haacke 1969" (2007) Recyclingprodukt und Kunstzitat gleichermaßen. Im Rahmen einer Ausstellung in einer Kleinstadt griff Greenfort das dortige Problem eines fehlenden öffentlichen Nahverkehrs auf und führte für die Dauer der Ausstellung eine Buslinie zwischen zwei Kleinstädten ein. Die Fahrten waren kostenlos und proklamierten umweltfreundliche Mobilität: Der Bus war für den Betrieb mit Pflanzenöl umgerüstet worden. Ein ebensolches Pflanzenöl und den Tank des Busses verwendete Greenfort später erneut in der Installation „Plant Oil Circulation": Das Öl wird durch ein auf dem Boden liegendes, organisch anmutendes Netz aus durchsichtigen Kunststoffschläuchen gepumpt, dessen Form an Hans Haackes Skulptur „Circulation" (1969) erinnert. Der Kunstkritiker Raimar Stange formulierte dazu: „Geht es Haacke noch darum, eine konkrete minimalistische Metapher für die Gesellschaft als, frei nach Niklas Luhmann, ‚geschlossenes System' zu finden, so denkt Tue Greenfort diesen Gedanken mit – und weiter, nämlich genau deswegen, weil er in diesem geschlossenen System die Möglichkeit von einer ökologischen Alternative aufzeigt" – und gleichzeitig kritisch hinterfragt.

Die Fotografie der Sonne in der Arbeit „Picture of the Sun" (2007) verweist ebenfalls auf einen Kreislauf: Die Vernetzung von Kartoffeln mit Eisen- und Kupferdrähten führte zu Elektrolytprozessen; mit dem erzeugten Strom wurde eine elektronische

1 KILO PET
2007
29 geschmolzene PET-Flaschen /
29 melted PET-bottles
Courtesy der Künstler und
Galerie Johann König, Berlin

Kamera gespeist, die das besagte Foto aufnahm. Die Sonne ist nicht nur Sinnbild scheinbar grenzenloser Energie, sondern eben die Energiequelle, durch die Wachstumsprozesse auf der Erde überhaupt erst möglich werden.

Ein unbeschränktes natürliches Wachstum thematisiert Greenfort mit der mehrteiligen Arbeit „Medusa Swarm" (2009). Die mundgeblasenen Objekte aus Muranoglas sind Nachbildungen der Quallenart „Pelagia noctiluca", die sich mittlerweile fast unbeschränkt fortpflanzt und vermehrt. Während ihre natürlichen Feinde sich durch Überfischung und Wasserverschmutzung deutlich reduziert haben, sorgen gleichzeitig steigende Wassertemperaturen für optimale Reproduktionsbedingungen.

Um die Verhältnismäßigkeit von Produktion, Nutzen und Ressourcenverbrauch geht es bei der Skulptur „1 Kilo PET" (2007), ein aus 29 Polyethylenterephthalat-Flaschen geschmolzener Haufen Plastik. PET-Flaschen wurden in den 1980er Jahren in der Lebensmittelindustrie eingeführt, besonders erfolgreich für den Verkauf von Trinkwasser. Sie galten wegen ihrer Leichtigkeit und der geringeren Transportkosten als umweltfreundliche Alternative zur Glasflasche. Aber: PET kann nicht ohne Weiteres zu neuen Flaschen recycelt werden, es erreicht beim Einschmelzen keine ausreichende Transparenz. So müssen stets enorme Mengen neu produziert werden, um den Bedarf zu decken.

„Hungry for more (obesity starvation)" (2008) besteht aus Einwegtüten mit aufgedrucktem Smiley, wie sie in New York in vielen asiatischen Fastfood-Läden verwendet werden. Greenfort hat die Tüten zu einem über zwei mal drei Meter großen Gebilde aneinandergeschweißt, in das ein Ventilator Luft hineinbläst bzw. hinaussaugt. Dadurch entsteht ein „atmender" Zusammenhang: Während das Smiley bei aufgeblasener Tüte besonders breit ist, schrumpelt es zusammen, wenn die Luft hinausgesaugt wird. Inspiriert wurde diese Arbeit von Schätzungen, laut derer es weltweit mittlerweile mehr übergewichtige als untergewichtige Menschen gibt.

Tue Greenfort (born in 1973 in Holbæk/DK, lives in Berlin) deals with relations of man and nature and the effects of human actions on the ecosystem, especially on cycles of energy and material. With his sculptures and installations, he directs the viewer's attention to sets of problems that result from processes of growth. More than just a critique of environmental pollution or instructions on saving resources expressed within the framework of art, they are politically charged, aesthetic arrangements operating with references to Minimal and Conceptual art.

The piece "Plant Oil Circulation – After Hans Haacke 1969" (2007), for example, is both a recycling product and an art quote. For an exhibition in a small town, Greenfort addressed the local problem of a lacking public transportation system and installed a bus route between two small towns during the course of the exhibition. The rides were free of charge and proclaimed eco-friendly mobility: The bus was reequipped to run on plant oil. Later, Greenfurt again used the same plant oil and the tank of a bus in the installation "Plant Oil Circulation": The oil is pumped through an organic network of transparent tubes lying on the ground, the form of which calls to mind Hans Haacke's sculpture "Circulation" (1969). The art critic Raimar Stange states: "While it

MEDUSA SWARM
2009
Murano Glas, 7 Teile
Maße variabel
Privatsammlung
Courtesy Galerie Johann König,
Berlin

was still Haacke's concern to find a concrete, minimalist metaphor for society as—based loosely on Niklas Luhmann—a 'closed system,' Tue Greenfort takes up this thought and develops it further, precisely because he reveals the possibility of an ecological alternative in this closed system"—while at the same time critically questioning it.

The photograph of the sun in the work "Picture of the Sun" (2007) also refers to a cycle: Linking potatoes with iron and copper wires leads to electrolysis; the generated power fed an electronic camera that shot the said photo. The sun is not only a symbol of seemingly limitless energy but precisely the energy source that enables processes of growth on earth in the first place.

Greenfort addresses limitless natural growth with the multipart work "Medusa Swarm" (2009). The mouth-blown objects made of Murano glass are reproductions of the jellyfish "Pelagia noctiluca," which now reproduces itself in an almost limitless way. While its natural enemies have been significantly reduced by overfishing and water pollution, the simultaneously increasing water temperatures create optimal conditions for reproduction.

HUNGRY FOR MORE
(OBESITY STARVATION)
2008
Plastiktaschen, Computer, Ventilator / Plastic bags, computer, fan
325.12 x 208.28 x 71.12 cm
Ausstellungsansicht: Short Circuits, Peter Blum, New York, 2009

The sculpture "1 Kilo PET" (2007), a plastic heap of 29 melted polyethylene terephthalate bottles, is also about the appropriateness of production, benefit, and the use of resources. PET bottles were introduced into the food industry in the 1980s and were especially successful in the sale of table water. Due to their lightness and the low transportation costs, they counted as an eco-friendly alternative to glass bottles. However, PET cannot be simply recycled to new bottles, it does not attain sufficient transparency when melted down. So enormous amounts must constantly be produced to meet the demand.

"Hungry for more (obesity starvation)" (2008) consists of single use disposable bags with a smiley printed on them, as they are used in many Asian fast-food restaurants in New York. Greenfort welded the bags together to form a more than 2 x 3 meter structure into which a ventilator blows air or sucks air out of. This creates a "breathing" environment: While the smiley is especially wide when the bags are inflated, it goes wrinkled when the air is sucked out. The work was inspired by estimations saying that there are now more overweight than underweight people in the world.

PLANT OIL CIRCULATION—
AFTER HANS HAACKE
1969–2007
PVC-Schläuche: 4, 6, 8 mm, Y-Verteiler:
4, 6, 8 mm, Treibstofftank: 91 Liter,
91 x 30 x 44 cm, Pflanzenöl /
PVC tubes: 4, 6, 8 mm,
y piece: 4, 6, 8 mm, fuel tank: 91 litre,
91 x 30 x 44 cm, vegetable oil

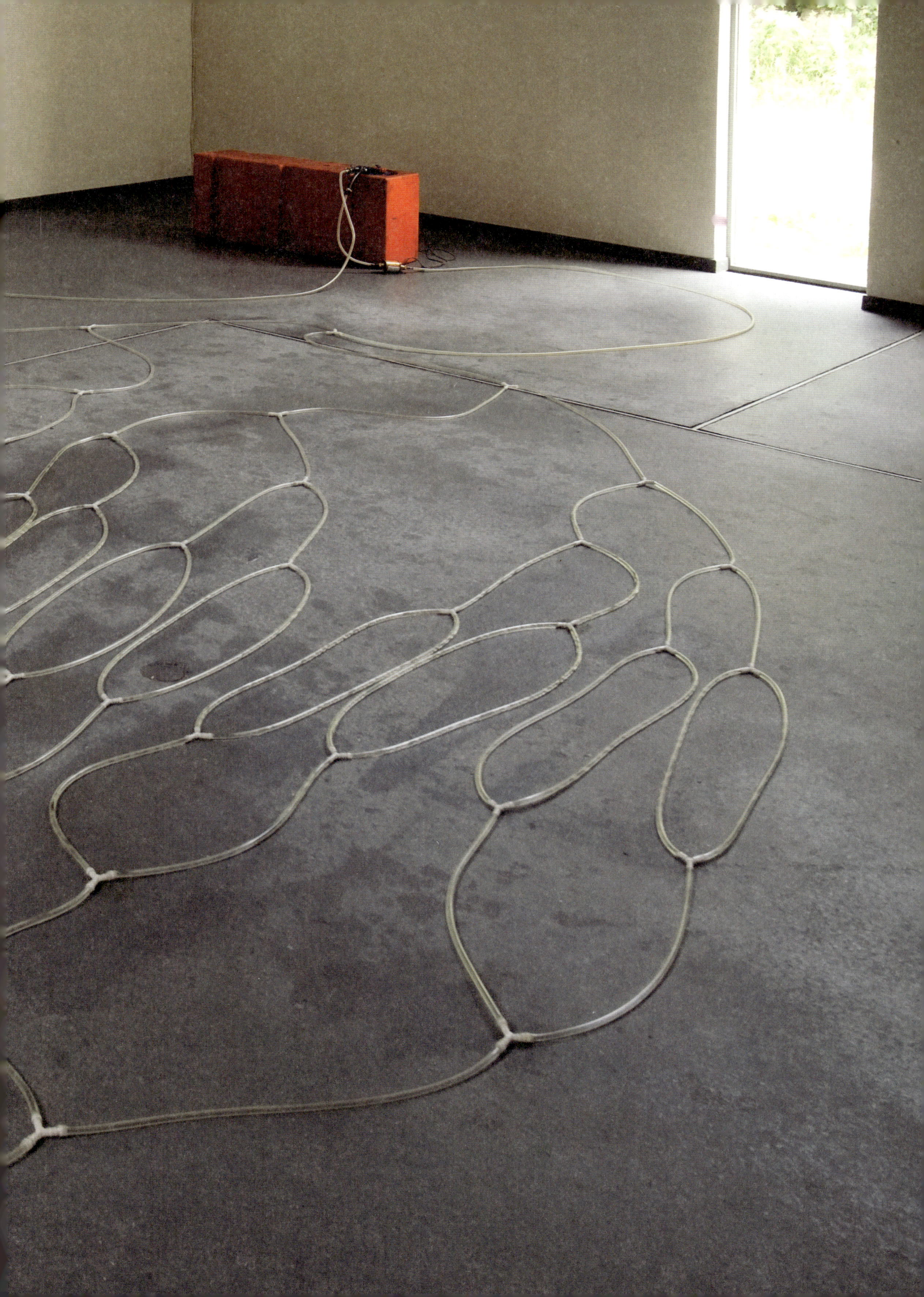

KARL HANS JANKE

Die Integrierung von Karl Hans Jankes (geboren 1909 in Kolberg/Pommern, verstorben 1988) Zeichnungen in den Kontext der Ausstellung „Über die Metapher des Wachstums" ist durchaus ungewöhnlich, da er einer deutlich früheren Generation als die anderen Künstler angehört und bereits verstorben ist. Er begriff sich als Erfinder, Ingenieur und Künstler; die Verortung seines Schaffens im Kunstkontext erfolgte allerdings posthum. Nahezu 40 Jahre seines Lebens verbrachte Janke in einer psychiatrischen Anstalt und erfand in dieser Zeit eine zukunftsweisende Weltraum-Apparatur nach der anderen. Mehr als 4000 Zeichnungen und Modelle wundersamer Erfindungen, die das menschliche Leben auf dem Planeten erleichtern bzw. die Erweiterung des Lebens in Richtung Weltraum sichern sollten, entstanden durch den Visionär und selbsternannten Weltenretter.

Der Zeitgeist der 1950er Jahre, der im verheißungsvollen Klima des Wirtschaftswachstums in der Nachkriegsära ans Ungeahnte glauben ließ, mag auch Janke in seinen Entwürfen für die Zukunft beeinflusst haben. Dass unser Leben nicht nur irdisch, beschränkt auf den Planeten Erde stattfinden muss, sondern dass es eine technisch unterstützte Ausdehnung „ins Himmelsreich" erfahren kann, dies versuchte Janke anhand von Plänen für ein „Atom-Magnetisches Elektroden-Strahl-Triebwerk für Luft und Raumfahrzeuge", für ein geheimnisvolles „Weltall-Kugel-Projekt", für eine „beheizbare Kondens-Positrode des Impuls-Strahl-Triebwerks" oder eine „Atom-Lok" zu veranschaulichen. Eine Lieblingsidee des genialischen Zeichners war das „Raum-Trajekt": hierbei handelt es sich um ein Raumfahrzeug, das keine Energie verbraucht, sondern ausschließlich von natürlicher Magnetkraft angetrieben wird.

In filigranen, detailreichen Darstellungen öffnet Janke für uns den Blick in seinen utopischen Konstruktionskosmos, dessen von ihm empfundene Realitätstauglichkeit in den teils ausführlichen technischen Angaben zu den Entwürfen zum Ausdruck kommt. Im Kunstverein Hannover werden 15 seiner Zeichnungen präsentiert, die zwar nicht das Energieproblem der Welt lösen, wie es sein Ansinnen war, die jedoch einen einprägsamen Eindruck vermitteln von der unaufhaltsamen Energie ihres Schöpfers.

Including the drawings of Karl Hans Janke (born in 1909 in Kolberg/Pomerania, died in 1988) in the context of the show "On the Metaphor of Growth" is indeed unusual, for he belonged to a clearly older generation than the other artists and is already deceased. He grasped himself as an inventor, engineer and artist; yet situating his work in the context of art took place only posthumously. Janke spent close to forty years of his life in a mental institution and during this time invented one space apparatus after the next. More than 4,000 drawings and models of wondrous inventions meant to make life easier on the planet or to enable life to be expanded to outer space were created by the visionary and self-proclaimed savior of the world.

The zeitgeist of the 1950s, which in the promising climate of the economic miracle in the post-war era had people believing in undreamt-of things, may also have influenced Janke in his designs for the future. That our life must not only be limited to planet earth but that it can experience a technologically supported expansion "to the heavens," is something Janke sought to visualize based on plans for an "atom-magnetic electrode-ray-engine for planes and spacecrafts," for a mysterious "universe-globe-project," a "heated condense-positrode of the impulse-ray-engine" or an "atom-locomotive." A favorite idea of the ingenious draughtsman was the "space-trajectory": a spacecraft that uses no energy but is solely driven by natural magnetic power.

In filigree depictions rich in detail, Janke gives a view into his utopian construction cosmos that he deemed practicable and is elaborated in partially extensive technical information on the designs. The Kunstverein Hannover presents 15 of his drawings, which may not solve the world's energy problems as he intended to, but do convey a memorable impression of their creator's relentless energy.

KLEINTRAJEKT
1954
Zeichnung auf Papier/
Drawing on paper
29,5 x 21 cm
Courtesy Rosengarten e. V.

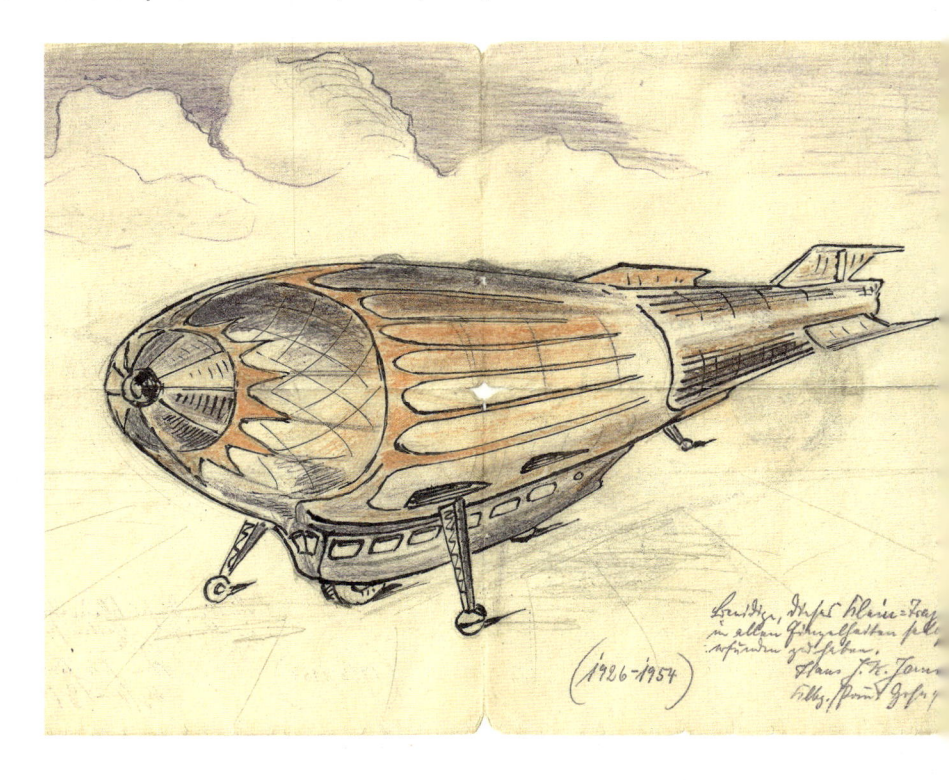

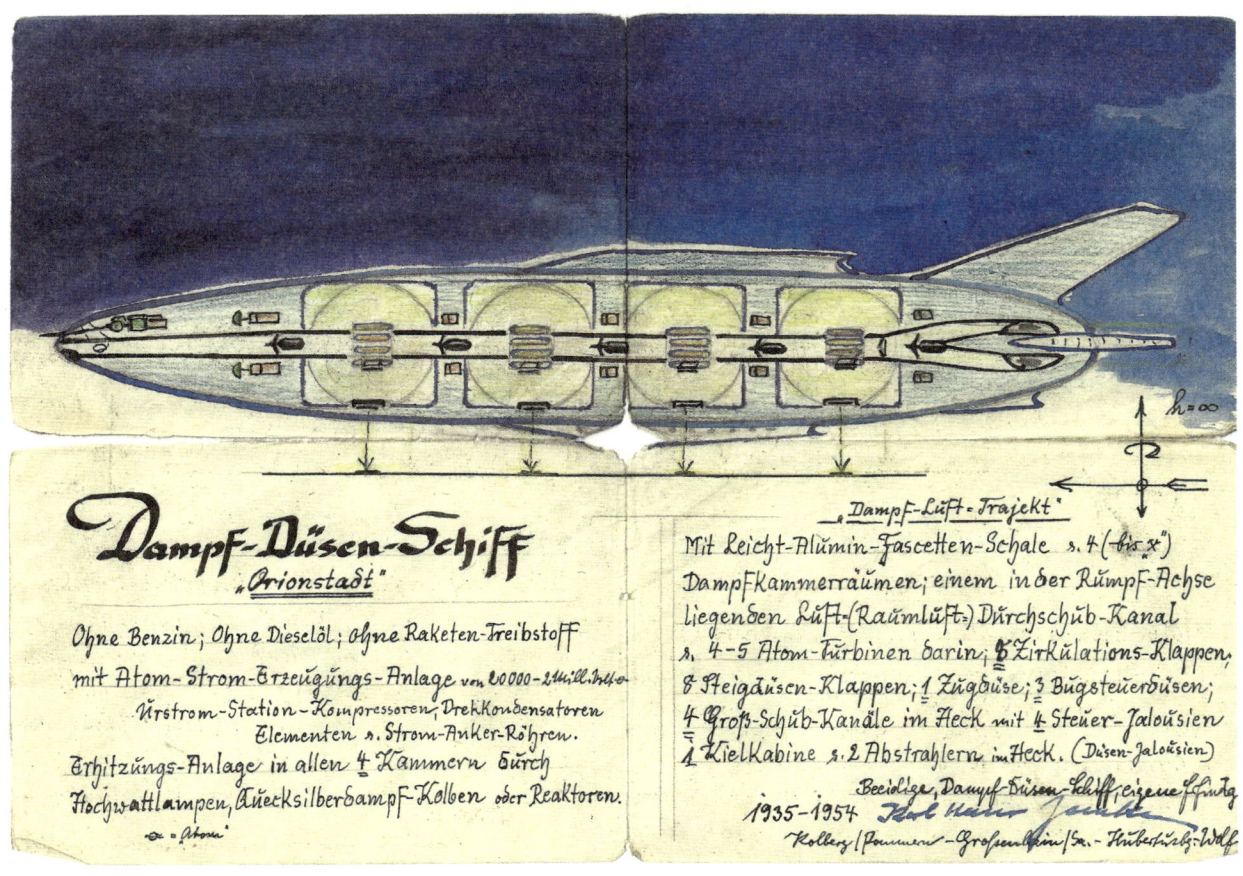

DAMPF-DÜSEN-SCHIFF ORIONSTADT
1954
Zeichnung auf Papier /
Drawing on paper
29,5 x 21 cm
Courtesy Rosengarten e. V.

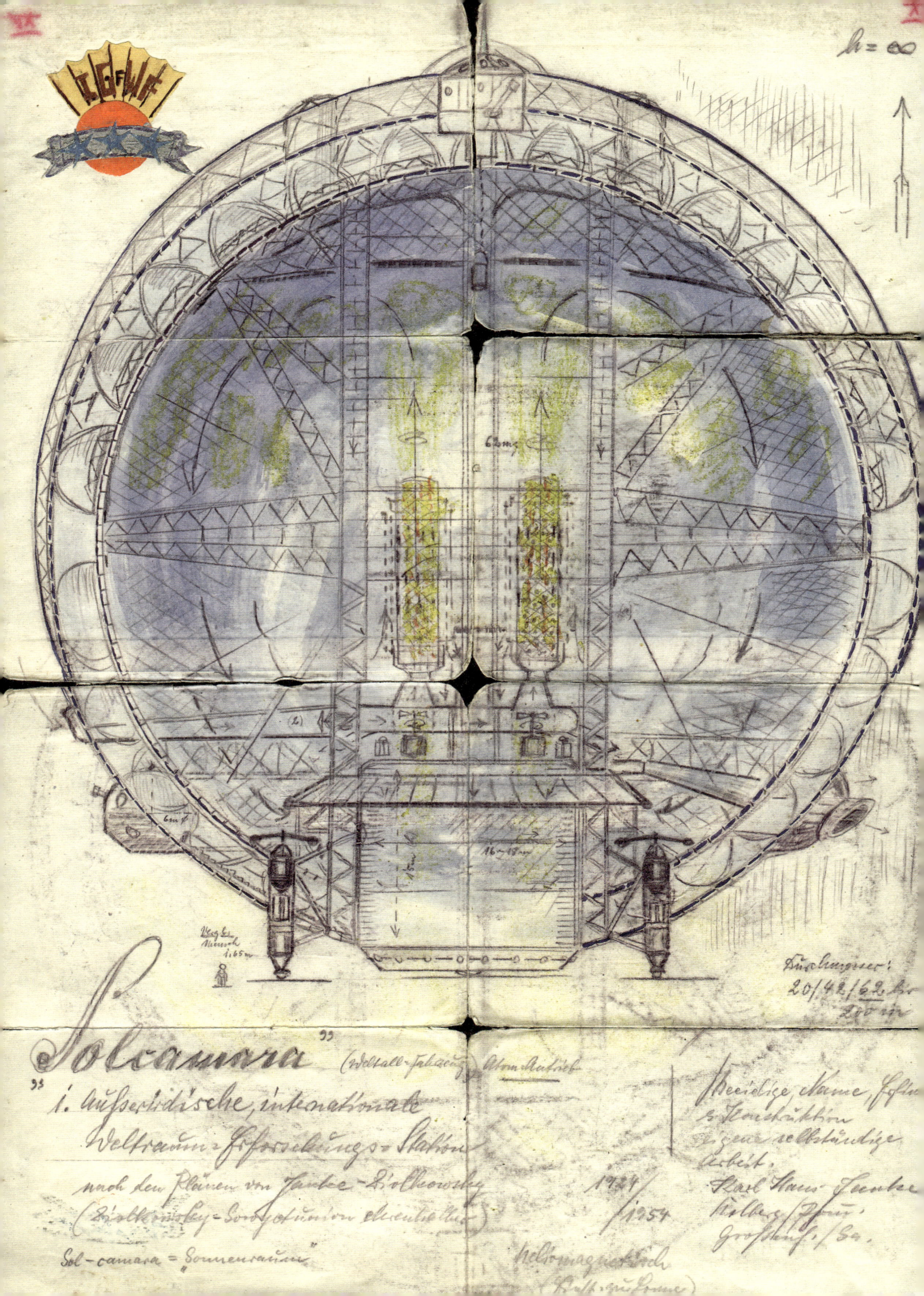

"Solcamara" (Weltall-Fahrzeug) Atom-Antrieb

i. außerirdische, internationale
Weltraum-Erforschungs-Station

nach den Plänen von Jencke-Ziolkowsky 1924/1954
(Ziolkowsky-Sowjetunion entwickelte)

Sol-camara = "Sonnenraum"

WARNUNG: ÜBERBELASTUNG
DER ERDE DURCH HOCHHÄUSER
1977
Zeichnung auf Papier /
Drawing on paper
21 x 15 cm
Courtesy Rosengarten e. V.

SOLCAMARA (KUGEL-TRAJEKT)
1954
Zeichnung auf Papier /
Drawing on paper
29,5 x 42 cm
Courtesy Rosengarten e. V.

SAN KELLER

San Keller (CH, geboren 1971 in Bern, lebt und arbeitet in Zürich) bezeichnet sich selbst gerne als „Dienstleistungskünstler". Seine Kunst manifestiert sich meist in Form von Aktionen, in denen er dem menschlichen Verhalten, den Funktionsweisen sowohl des Kunstsystems wie auch der Gesellschaft nachspürt und diese hinterfragt. Eine seiner bekanntesten Aktionen trägt den Titel „San Keller schläft an Ihrem Arbeitsort", die er erstmals im Jahr 2000 durchführte. Die Arbeit beinhaltet die Vereinbarung, dass der Künstler am Arbeitsort des Auftraggebers schläft, auch während dieser seiner Arbeit nachgeht. Der Lohn für das Schlafen entspricht jeweils dem durchschnittlichen Tageslohn des Auftraggebers. Die Aktion wurde seither von verschiedenen Arbeitgebern „gekauft" und hat sehr unterschiedliche Reaktionen der Medien und Öffentlichkeit hervorgerufen. Etwas vermeintlich Inaktives wie das Schlafen als geldwerte Leistung zu behandeln, wurde vielseits als Provokation verstanden.

In den Ausstellungen „Über die Metapher des Wachstums" in Basel und Hannover zeigt San Keller die Arbeit „Mein Kontostand" (2005). Ursprünglich anlässlich einer Ausstellung in der Galerie Brigitte Weiss entstanden, veröffentlichte der Künstler täglich den aktuellen Stand seines Girokontos, wie er auf dem Kontoauszug erschien. Die Unikate waren zum Preis eben dieses Kontostandes käuflich. Im Kunsthaus Baselland werden darüber hinaus die Audio-Arbeit „Blow Up" (2005) und das Objekt „Geldsack" (2004) gezeigt. Beim Erwerb des Geldsacks verpflichtet sich der Besitzer, den Geldsack vor jeder Reise in ein Land, in dem Armut herrscht, mit Münzen der dortigen Landeswährung zu füllen und den Inhalt auf der Reise Münze für Münze an Bettler zu verteilen – bis der Geldsack leer ist. Die Arbeiten, die das Thema Geld aufgreifen, rufen meist besonders emotionale Reaktionen der Rezipienten hervor. Das Anhäufen und Verlieren von Geld, ob physisch oder auf Papier ausgedruckt vor Augen geführt, kann nicht nur als individuelle, sondern als generelle Metapher gelesen werden, die das gesellschaftliche Ziel nach permanenter Geldvermehrung widerspiegelt. Das Zerplatzen der „Seifenblase" vertont San Keller mit der Arbeit „Blow-Up" dagegen ganz direkt: Beim Abspielen des CD-Players ist das Geräusch des Aufblasens eines Ballons zu hören, bis dieser mit lautem Knall platzt.

San Keller (born in 1971 in Bern, lives and works in Zurich) likes to call himself a "service providing artist." His art usually manifests itself in the form of actions in which he looks into and questions human conduct and the way in which both the art system and society work. One of his best-known actions is titled "San Keller schläft an Ihrem Arbeitsort (San Keller Sleeps at Your Workplace)," which he performed for the first time in the year 2000. The work consists in the agreement that the artist will sleep at the client's workplace, even when he or she is working. The fee for sleeping there amounts to the average daily wage of the client. The action has since then been "purchased" by different employers and evoked a wide variety of responses in the media and the public. To treat something allegedly inactive such as sleep as a payment in kind was regarded as a provocation by many.

In the exhibition "On the Metaphor of Growth" in Basel and Hannover, San Keller presents his work "Mein Kontostand (The State of My Account)" (2005). Originally created on the occasion of an exhibition at Galerie Brigitte Weiss, the artist published the state of his current account on a daily basis the way it appeared on the bank statement. At the Kunsthaus Baselland, the audio piece "Blow Up" (2005) and the object "Geldsack (Money Bag)" (2004) will also be exhibited. When purchasing the money bag, the owner undertakes to fill the bag before traveling to any poor country with coins of the local currency and distribute them to beggars there—coin by coin until the bag is empty. The works that take up the theme of money usually evoke particularly emotional reactions on the side of the recipients. Accumulating and losing money, either physically or displayed in print, can be read not only as an individual but also as a general metaphor reflecting the societal goal of permanently increasing the amount of money. In his work "Blow Up," San Keller acoustically renders the bursting of the "bubble" in a direct way: When playing the CD, one hears the sound of a balloon being inflated—until it bursts with a loud bang.

MEIN KONTOSTAND
2005
Dokumente
72 Fotokopien / 72 photocopies
je 29,7 x 42 cm
Courtesy Galerie Brigitte Weiss, Zürich

GELDSACK
2004
Aktionsobjekt
Leinensack mit
Tragriemen / Linen bag
with carrying strap
Courtesy Galerie Brigitte Weiss, Zürich

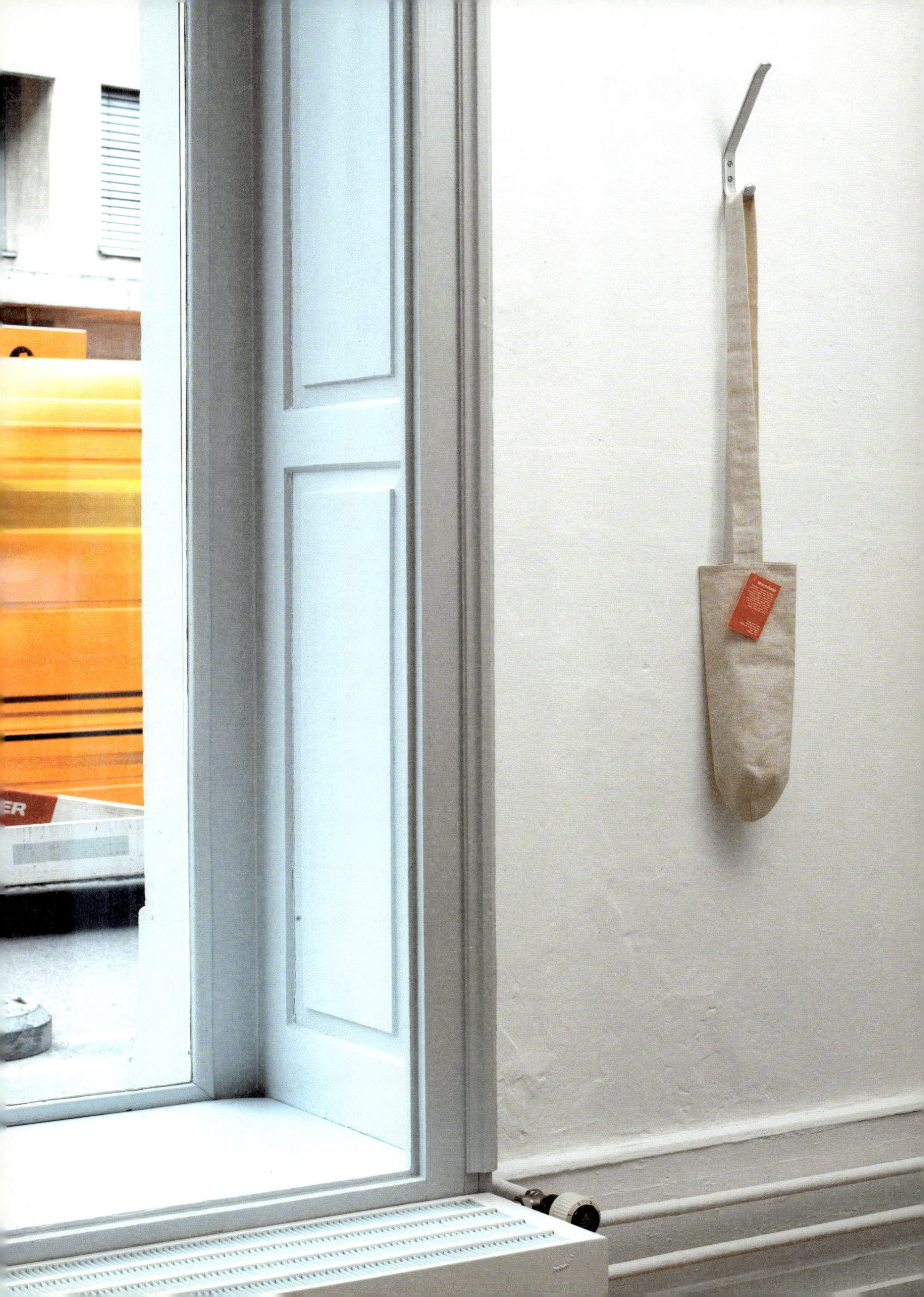

MINDPIRATES

Mindpirates ist ein Kollektiv von Künstlern und Kreativen, das von dem Berliner Künstler Ralf Schmerberg 2008 gegründet wurde. Die Gruppe setzt sich mit Fragen der Gegenwartskultur, des sozialen Lebens und der Ökologie auseinander und arbeitet in den verschiedensten Formaten: Printprodukte, Film- und Netzprojekte, Kampagnen und Interventionen im öffentlichen Raum. Die Gruppe hat den Anspruch, unabhängig, interdisziplinär und experimentell zu arbeiten und dabei Ausdrucksformen zu finden, die neue Öffentlichkeiten herzustellen in der Lage sind. So lässt zum Beispiel die internetbasierte Plattform „Dropping Knowledge" eine Vielzahl von Stimmen zu den drängenden Problemen der Gegenwart zu Wort kommen – nicht um Antworten zu geben, sondern um Fragen neu stellen zu können. Diese Plattform resultierte aus dem Projekt „Table of Free Voices" (2006), bei dem über 100 international bekannte Wissenschaftler, Aktivisten und Künstler auf dem Berliner Bebelplatz zu einem der größten runden Tische der Geschichte zusammenkamen. Eine bildgewaltige Interpretation dieses Projekts liefert der eineinhalbstündige und kostenlos aus dem Internet zu ladende Film „Problema" (2010).

Ein weiteres Projekt der Mindpirates sind die in hoher Auflage gratis distribuierten Ausgaben der Zeitschrift „Denkanstöße", die von dem südhessischen Energieversorger ENTEGA finanziert werden und um Themen aus dem Bereich Umweltschutz und Energie kreisen. Der Horizont der künstlerischen, publizistischen und wissenschaftlichen Beiträge darin ist die Entwicklung eines an Nachhaltigkeit orientierten gesellschaftlichen Denkens und Handelns. Die dritte Ausgabe der Denkanstöße trägt den Titel „Verschwendung" (2010). Auf 60 Seiten im großen Tageszeitungsformat umkreisen die hervorragend editierten und gestalteten Bild- und Textbeiträge die Chancen und Risiken eines weit reichenden Prinzips: Es geht um Verschwendung als Voraussetzung evolutionärer Weiterentwicklung, um den weltweiten, verschwenderischen Ressourcenverbrauch, um Luxusparfums und Megacities, um Konsumgeilheit und Kapitalismus, um die Container-Schiffahrt als Baustein der Globalisierung, um Vergeudung und Verzicht und insbesondere um unsere alltägliche Energieverschwendung. Diesbezüglich sagen die Mindpirates: „Spar-Appelle funktionieren nicht. Verschwendung ist eine Grundfunktion der Natur. Alles Leben breitet sich aus; wo Wachstum floriert, ufert es aus, da vollzieht sich Entwicklung. Verschwendung macht begehrenswert, neugierig, kreativ und klug. Verschwendung schafft Möglichkeiten. Verschwendung ist auch dick, faul und gefräßig. Wer verschwendet, der vergeudet vielleicht seine letzten Kräfte, sein Glück und seine Energie. Die Frage ist: Lässt sich mit dem vergeudeten Teil etwas Sinnvolles anstellen? In Zukunft wird es darum gehen, unsere Kreativität, unseren Reichtum und den großen Schatz unserer Möglichkeiten so einzusetzen, dass alle davon etwas haben. Statt um Enthaltsamkeit wird es um Klugheit, Effizienz und Wissen gehen. Dies sind die Ressourcen, von denen wir noch sehr viel mehr brauchen – und die sich übrigens, egal wie verschwenderisch wir mit ihnen umgehen, bei ihrer Verwendung unendlich fortpflanzen."

Aufhänger für die Herstellung der Denkanstöße-Ausgabe „Verschwendung" war ein spektakuläres Kunstprojekt. Um die alltägliche Energieverschwendung auf drastische Weise körperlich erfahrbar zu machen, kreierten Ralf Schmerberg und die Mindpirates zusammen mit ENTEGA den „Stromfresser": ein hausgroßes Iglu aus Kühlschränken, deren Kompressoren nach innen gerichtet waren und dadurch diesen begehbaren Ort erschreckend warm machten. Anlässlich des Projekts „Über die Metapher des Wachstums" wird die Denkanstöße-Ausgabe „Verschwendung" an allen drei Ausstellungsorten distribuiert und im Frankfurter Kunstverein in ein räumliches Layout als Bestandteil des dortigen Parcours' überführt. Darüber hinaus ist in Frankfurt eine zweite Realisierung des „Stromfressers" geplant. Dass solche, auf einen bewussteren und sparsameren Umgang mit Energie abzielenden Kunstprojekte heute im Rahmen des Marketings eines Unternehmens finanziert werden, dessen Ziel die Umsatzsteigerung beim Verkauf von (grüner) Energie ist, deutet auf zeitgenössische Dimensionen der Metapher des Wachstums.

Ralf Schmerberg
STROMFRESSER
2010
Kühlschränke, Stahlkonstruktion /
Refrigerator, steel construction
Foto: Peter Lorenz

Mindpirates is a collective of artists and creatives founded by Berlin-based artist Ralf Schmerberg in 2008. The group is concerned with issues of present-day culture, social life and ecology, and works with the most various formats: print products, film and network projects, campaigns and interventions in public space. The group seeks to work independently and in an interdisciplinary and experimental manner so as to arrive at new forms of expression and establish new public spheres. The Internet-based platform "Dropping Knowledge," for example, offers many people the possibility to voice their position on pressing topical issues—not to give answers, but to raise new questions. This platform resulted from the project "Table of Free Voices" (2006) that brought together more than 100 internationally renowned academics, activists and artists at Bebelplatz in Berlin to the largest round table in history. The 90-minute film "Problema" (2010), which can be downloaded from the Internet free of charge, provides a visually stunning interpretation of this project.

A further Mindpirates project are the issues of the magazine "Denkanstöße" which is distributed in large numbers free of charge. It is financed by the southern Hessian energy supplier ENTEGA and dedicated to themes of environmental protection and energy. The artistic, journalistic and scientific contributions are concerned with developing social thought and action oriented toward sustainability. The third issue of "Denkanstöße" is titled "Verschwendung" (Waste) (2010). On sixty pages in large newspaper format, the excellently edited and designed picture and text contributions deal with the opportunities and risks of a far-reaching principle: The themes are waste as a prerequisite of progress, the worldwide, wasteful use of resources, luxurious perfumes and mega-cities, the craving for consumption and capitalism, container shipping as the building block of globalization, expenditure and renunciation, and above all our daily waste of energy. The Mindpirates say: "Appeals to save resources don't work. Waste is a basic function of nature. All life expands; wherever growth flourishes, it proliferates, that's where development takes place. Wastefulness makes one desirable, curious, creative and smart. Wastefulness creates opportunities. Wastefulness is also fat, lazy and gluttonous. The person who wastes may squander his last ounce of strength, his happiness and energy. The question is, can something sensible be done with what has been squandered? In the future, the issue will be to use our creativity, our wealth and the great treasure of our possibilities in such a way that everyone benefits from them. Instead of abstinence, it will all be about intelligence, efficiency and knowledge. These are the resources we urgently need—and that, no matter how wastefully we treat them, are reproduced endlessly when they are utilized."

The peg for the production of the Denkanstöße issue on "Verschwendung" was a spectacular art project. In order to make the daily waste of energy bodily experienceable in a drastic manner, Ralf Schmerberg and the Mindpirates created the "Stromfresser" (Power Guzzler) together with ENTEGA: a house-size igloo made of refrigerators whose compressors were directed to the inside, thus making this walk-in site alarmingly warm. On the occasion of the project "On the Metaphor of Growth," the Denkanstöße issue "Verschwendung" will be distributed at all three exhibition venues, and transferred to a spatial layout as part of the itinerary in the Frankfurter Kunstverein. In addition, a second realization of the "Stromfresser" is planned for Frankfurt. The fact that these kinds of art projects aiming at a more conscious and economical use of energy are financed within the frame of marketing a company whose goal is to increase revenue by selling (green) energy, is an indication of the contemporary dimensions of the metaphor of growth.

Ralf Schmerberg
OHNE TITEL
2010
Elektroherd, Computermonitor /
Electric stove, computer monitor
Maße variabel
Labor Berlin

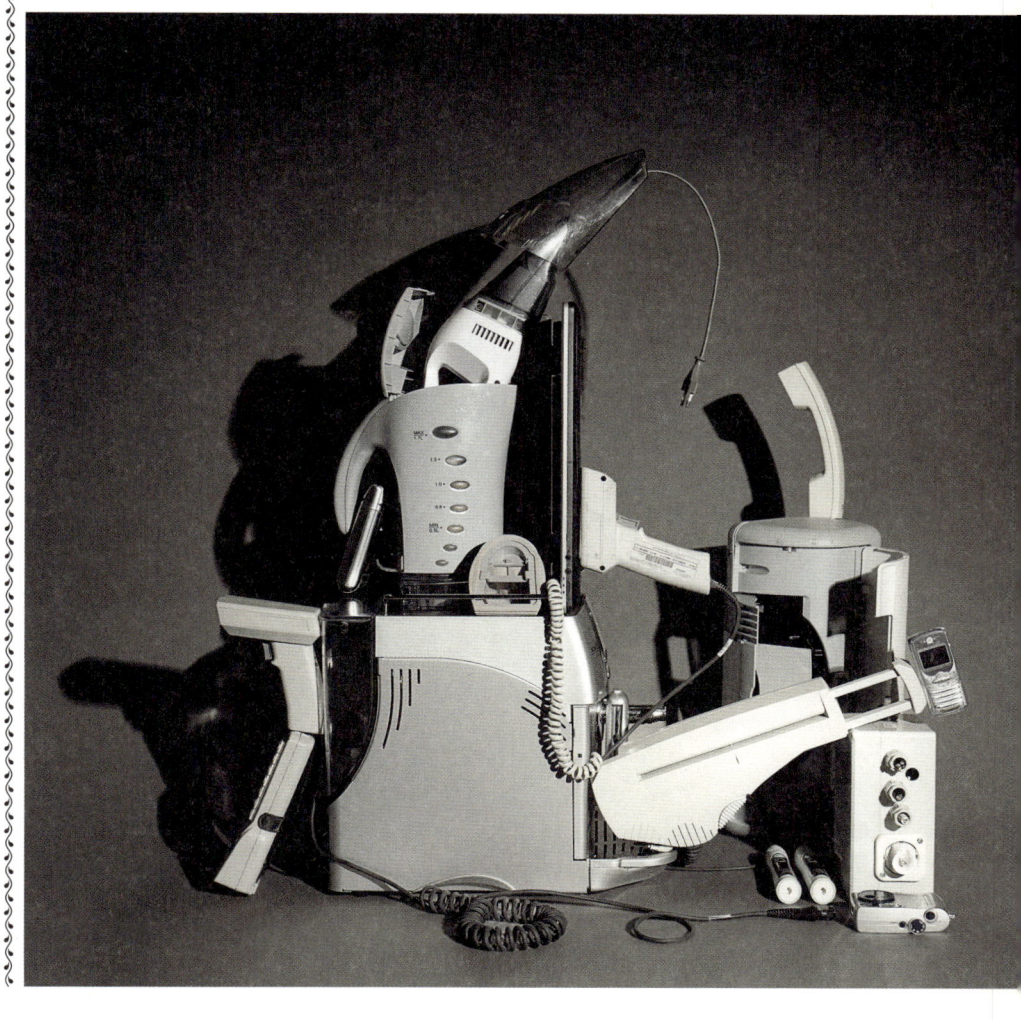

Rachel de Joode
STILLLEBEN VON GRAUTONIGEN
ELEKTRISCHEN GERÄTEN
2010
Verschiedene elektrische Haushaltsgeräte /
Different electrical domestic appliances
Labor Berlin

SEBASTIAN MUNDWILER

Sebastian Mundwiler (geboren 1978 in Arlesheim, lebt und arbeitet in Basel) absolvierte sowohl eine Ausbildung zum Stauden- und Kleingehölzgärtner als auch ein Kunststudium. Beide Bereiche verbinden sich in Mundwilers performativen Aktionen. So konzipierte er für die Ausstellung „Über die Metapher des Wachstums" eine botanische Führung, die in unmittelbarer geografischer Nähe zum Kunsthaus Baselland stattfindet. Die vor Ort vorhandenen Pflanzen sind Ausgangspunkt für Reflexionen über die Wechselwirkungen von Mensch, Stadtraum und Natur. Die Grenzen zwischen kultivierter Natur und Wildwuchs sind oft nicht klar definierbar. Mundwiler hebt zum einen ortsspezifische Gegebenheiten hervor, die das Wachstum der Pflanzen beeinflussen, zum anderen ebenso zivilisatorische Randerscheinungen, die den Pflanzen ihr Überleben sichern. Dementsprechend sind die Stellen, die Mundwiler während seiner Führung aufsucht, keine von Stadt- oder Landschaftsgärtnern konzipierten Anlagen, sondern Orte, an denen die Natur fremd oder gar als Eindringling erscheint.

In nächster Nähe des Kunsthaus Baselland treffen der Stadt- und der Landkanton aufeinander. Die Umgebung des Flusses Birs, der die beiden Kantone trennt, ist auf städtischer und ländlicher Seite – je nach kantonalem Entscheid – unterschiedlich gestaltet. Während auf der Seite des Kantons Baselland hohe Bäume stehen, wildes Gestrüpp vorhanden ist und die Wanderwege aus Erde und Steinen bestehen, ist auf städtischer Seite der Gehweg asphaltiert und die Bepflanzung stark reguliert. Den Künstler interessiert nicht die politisch bedingte Diskrepanz, sondern die Aufschlüsselung menschlichen Verhaltens und Wahrnehmens, welchem er in direkter Auseinandersetzung mit dem jeweiligen Umfeld nachgeht.

Sebastian Mundwiler (born in 1978 in Arlesheim, lives and works in Basel) was trained as a perennial and coppice gardener and he studied art. Both fields are combined in Mundwiler's performative actions. For the exhibition "On the Metaphor of Growth," he conceived a guided botanical tour in the immediate vicinity of the Kunsthaus Baselland. The plants on location are the starting point of reflections on the interplay of man, urban space and nature. The boundaries between cultivated nature and rank growth are often not clearly defined. On the one hand, Mundwiler highlights the site-specific circumstances influencing the plants' growth, on the other, the civilizational side effects that secure the survival of the plants. Therefore, the places that Mundwiler visits on the tour are not laid out by urban or landscape gardeners, but are instead sites where nature appears alien or even as an intruder.

In direct proximity to the Kunsthaus Baselland, the city and rural cantons meet. The banks of the Birs River, separating the two cantons, are shaped differently on the urban and rural side—depending on the canton's decision. While on the side of the Baselland canton one can find tall trees, wild undergrowth and footpaths of ground and stones, the urban side of the path is asphalted and plant growth is strongly regulated. The artist is not interested in the politically caused discrepancy but in examining human behavior and perception, which he does by directly engaging with the respective environment.

Filmstill aus der Dokumentation
EINE KLEINE FÜHRUNG
2009
DVD Pal, 4:3
Courtesy der Künstler
Foto: Tashi Brauen

EINE KLEINE FÜHRUNG,
ORTSSPEZIFISCHE
UMGEBUNGSERKUNDUNG
Anlässlich von gARTen 2010,
Schlosspark Binningen, 2010,
organisiert vom
Kunstverein Binningen
Fotos: Philippe Meerwein

DAN PETERMAN

Wachstum ist in der Arbeit von Dan Peterman (geboren 1960 in Minneapolis/MN, lebt in Chicago) eng mit den Verfallsprozessen einer Überflussgesellschaft verbunden. Abfallmaterialien wie Batterien, Plastik, Kompost, Sperrmüll arrangiert er zu neuen Installationen oder recycelt diese zu funktionalen Gegenständen. Bereits zu Beginn der 1990er Jahre entwickelte Peterman einen Werkstoff, der komplett aus recyceltem Plastik besteht. Daraus entstand eine ganz Serie funktionaler Ausstattungselemente für den Innen- und Außenraum, wie Sitzmöbel, Tische, Regalwände oder ein Bodenbelag. Die Größe der einzelnen Elemente entspricht dabei proportional dem durchschnittlichen Plastikverbrauch des jeweiligen Herstellungslandes, was zu deutlich größeren Möbeln in den USA im Vergleich zu den europäischen Modellen führte. Die wuchtige Erscheinung der Objekte changiert zwischen robuster Funktionalität und minimalistischer Großskulptur, die der vielseitigen Verwendung sowohl als Möblierung im Innen- und Außenraum als auch als Plastiken im Ausstellungskontext entspricht. So sind die palettenartigen „Accessories to an Event" (2001) im Ausstellungsteil im Kunstverein Hannover nicht nur flexible Ausstellungseinrichtung, sondern sowohl Symbol für wachsenden Wohlstandsmüll als auch Hinweis auf Ressourcen schonende Alternativen.

Auch die Objekte der 21-teiligen Serie „Things That Were are Things Again" (2006) im Frankfurter Kunstverein basieren auf einem Recyclingprozess. Alte Gegenstände aus Aluminium wurden in andere, an Werkzeuge erinnernde „Gegenstände" gegossen, deren Status allerdings unklar ist: Handelt es sich um neue Gebrauchsobjekte oder bezieht sich die Form auf die ursprüngliche Form der recycelten Gegenstände?

Dan Peterman gelingt in seinen Arbeiten ein außergewöhnlicher Dialog zwischen Fragen der Ökologie und Kunst. Die Wiederverwendung von Abfallmaterial und seine ästhetische Präsentation als Kulturgut führt zu weitergehenden Fragen zur Beständigkeit ökonomischer Produktion sowie zum Umgang mit materiellen und kulturellen Werten. Ökologische und kulturelle Werte lassen sich bei Peterman nicht einfach voneinander trennen, sondern gehören zu einem gemeinsamen Kreislauf von materieller Herstellung, Generierung von Bedeutung und Funktion sowie einer verantwortungsvollen Wiederverwendung.

THINGS THAT WERE ARE THINGS AGAIN
2006, Detail
Fortlaufendes Fries von 21 Aluminiumgusselementen / Running frieze of 21 open-cast aluminum elements
Maße variabel
Courtesy der Künstler und Klosterfelde, Berlin

In the work of Dan Peterman (born in 1960 in Minneapolis/MN, lives in Chicago), growth is closely linked to processes of decay in an affluent society. He arranges waste materials such as batteries, plastic, compost, and bulk refuse to new installations or recycles them to functional objects. Already in the early 1990s, Peterman developed a material consisting entirely of recycled plastic. It resulted in a whole series of functional, indoor and outdoor exhibition elements, e.g., chairs, tables, sets of shelves or a floor covering. The size of the individual elements corresponds proportionally to the average consumption of plastic in the respective country of manufacture, which led to considerably larger furniture in the United States in comparison to the European models. The bulky appearance of the objects vacillates between robust functionality and minimalist, large-scale sculpture—corresponding with the varied use both as indoor and outdoor furniture and as sculptures in an exhibition context. The pallet-like "Accessories to an Event" (2001) in the exhibition section of the Kunstverein Hannover, for instance, are not only flexible pieces of exhibition furniture but also symbols of growing consumer waste and a reference to resource-saving alternatives.

The objects of the 21-part series "Things That Were are Things Again" (2006) in the Frankfurter Kunstverein are also based on a recycling process. Old objects made of aluminum were cast into other "objects" reminiscent of tools, the status of which remains clear, though: Are they new commodities or do their forms refer to the original forms of the recycled objects?

Dan Peterman succeeds in establishing an extraordinary dialog between ecology and art in his pieces. The reuse of waste material and its aesthetic presentation as a cultural good leads to further questions related to the durability of economic production and to the way material and cultural values are treated. With Peterman, ecological and cultural values cannot be separated from each other, but belong to a common cycle of material production, the generation of meaning and functionality, as well as responsible reuse.

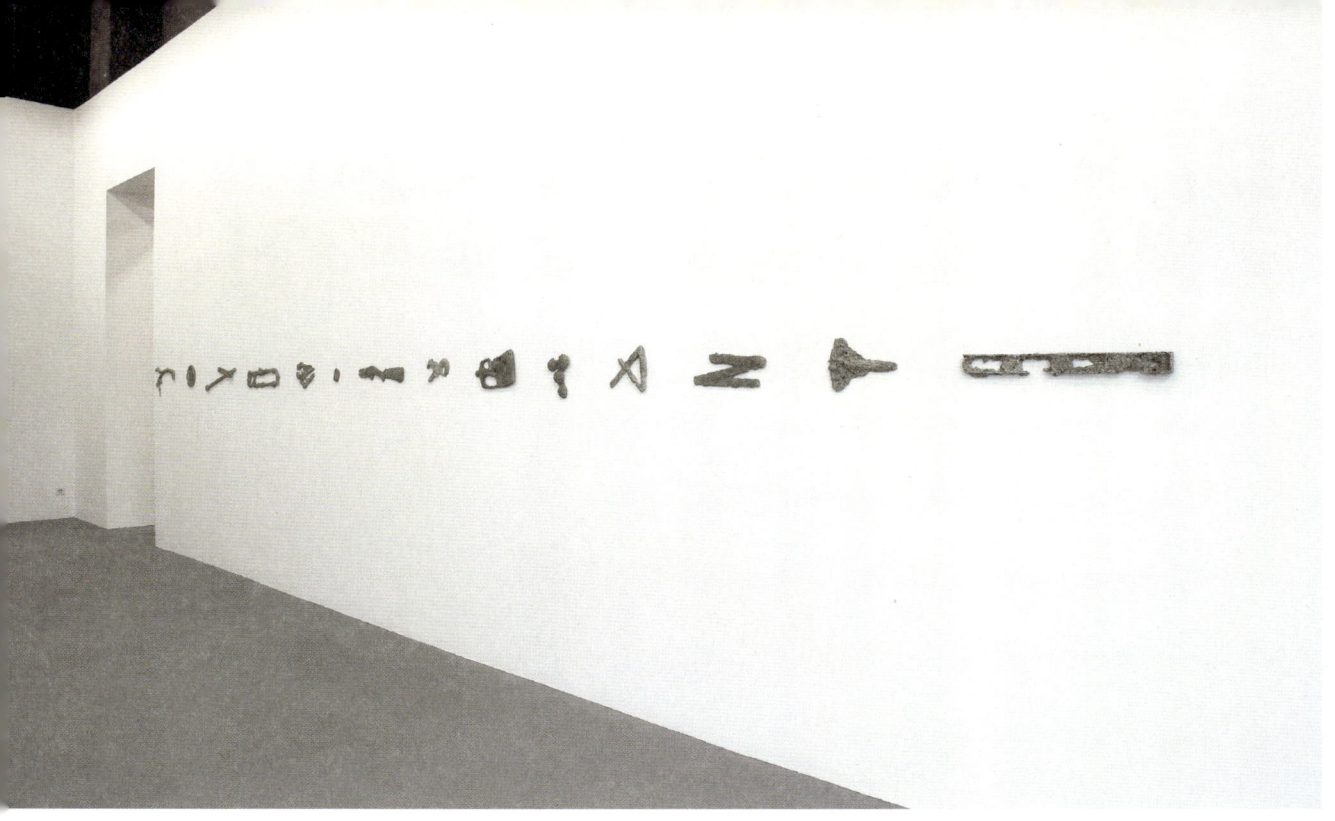

THINGS THAT WERE ARE THINGS AGAIN
2006
Fortlaufendes Fries von 21 Aluminiumguss-
elementen / Running frieze of 21 open-cast
aluminum elements
Maße variabel
Courtesy der Künstler und
Klosterfelde, Berlin

61ST STREET BOTTLECAP PASTA /
ACCESSORIES TO AN EVENT
2001
Ausstellungsansicht 2. berlin biennale
Courtesy Klosterfelde, Berlin

DER WACHSTUMS-ZWANG THE GROWTH IMPERATIVE

Hans Christoph Binswanger

The modern world is characterized by a constant tendency towards growth, towards an increase in the gross national product or in aggregate income, in which all the goods purchased during a year are added up. Growth has become the primary postulate in the politics of all countries. The focus is on maintaining as high a rate of growth as possible in relation to the respective previous year. If the rate of growth remains constant, then the increment of the previous year grows as well. In other words, the absolute increment of growth becomes larger and larger. In mathematical terms, one speaks of an exponential rate of growth. This type of growth has no limits. It must go on and on without interruption. It shoots up into the sky, so to speak. In this regard, it is different from the growth of nature, from the growth of natural creatures, of plants, animals, and humans. This growth has an end; it is limited. At the beginning, the rate of growth is large, but it becomes smaller and smaller until it ceases entirely. No tree grows all the way to the sky. In mathematical terms, one speaks of logistic growth. The world, nature in its entirety, has developed according to this principle during the process of creation. The natural world grew over billions of years. But the growth has come to an end. Thus today we live as economic entities on the one hand, and on the other as natural creatures in two models of growth, in a model of exponential and a model of logistic growth, in an unlimited and a limited growth.

Can this go well? That is the crucial question. There would be no problem if the gross national product could grow in isolation from nature, if it did not place demands upon nature. But this is only possible to a limited degree. For we wish, in the most extensive sense of the word, to "eat" the gross national product. We want to eat our fill, to be warm or cool at our pleasure, to live comfortably, to travel, to make things easy for ourselves by compelling machines and devices to work for us. This is all quite wonderful. But in so doing we impose strains on nature, on the natural world, on natural resources.

Even as abundant as these resources are, they will ultimately become scarce, simply because the world is limited inasmuch as it is not growing further.

Die moderne Welt ist gekennzeichnet durch eine ständige Tendenz zum Wachstum, zu einem Wachstum des Sozialprodukts bzw. des Volkseinkommens, in dem alle gekauften Waren in einem Jahr aufaddiert sind. Wachstum ist das oberste Postulat der Politik aller Länder geworden. Dabei geht es um die Konstanthaltung einer möglichst hohen Wachstumsrate im Verhältnis zum jeweiligen Vorjahr. Wenn die Wachstumsrate konstant bleibt, dann wächst der Zuwachs des letzten Jahres immer mit. Das heißt: der absolute Zuwachs wird immer größer. Mathematisch spricht man von einem exponentiellen Wachstum. Ein solches Wachstum hat keine Grenzen. Es muss immer weitergehen. Es schießt sozusagen in den Himmel. Damit unterscheidet es sich vom Wachstum der Natur, vom Wachstum der natürlichen Lebewesen, der Pflanzen, Tiere und Menschen. Dieses Wachstum hat ein Ende, es ist begrenzt. Der Zuwachs ist am Anfang groß, wird aber immer kleiner, bis er ganz aufhört. Kein Baum wächst in den Himmel. Mathematisch spricht man von einem logistischen Wachstum. Nach diesem Prinzip hat sich auch die Welt, die ganze Natur, im Schöpfungsprozess entwickelt. Die Welt, die Natur ist über Milliarden Jahre gewachsen. Aber das Wachstum ist zu einem Ende gekommen. So leben wir heute als wirtschaftende Wesen einerseits, als Lebewesen andererseits in zwei Wachstumsmodellen, in einem Modell des exponentiellen und einem Modell des logistischen Wachstums, in einem unbegrenzten und einem begrenzten Wachstum.

Kann das gut gehen? Das ist die Frage. Es wäre kein Problem, wenn das Sozialprodukt von der Natur losgelöst wachsen könnte, wenn es die Natur nicht beanspruchen würde. Dies ist allerdings nur beschränkt möglich. Wir wollen das Sozialprodukt ja im weitesten Sinne des Wortes: „essen". Wir wollen satt werden, es je nachdem warm oder kühl haben, schön wohnen, reisen, es uns bequem machen, indem wir die Maschinen und Apparate für uns arbeiten lassen. Das ist alles wunderbar. Aber eben, dazu beanspruchen wir die Natur, die natürliche Lebenswelt, die natürlichen Ressourcen.

So groß die Fülle dieser Ressourcen ist, schließlich werden sie doch knapp, weil die Welt eben begrenzt ist, weil sie nicht mehr weiter wächst. Dabei muss man berücksichtigen, dass wir nicht nur Konsumenten von Waren sind, die man kaufen kann, sondern auch Lebewesen, die die Natur direkt beanspruchen. Wir müssen gute

In this regard, consideration must be given to the fact that not only are we consumers of purchasable commodities, but we are also creatures who make direct demands upon nature. We must breathe good air, drink clean water, live in a complex symbiosis with plants and animals, and be able to orient ourselves in a natural landscape; in addition, we need a climate which is compatible with human requirements. With the production of purchasable goods and the buildings, streets, and dams necessary for that purpose, along with the refuse and emissions which are thereby created, this natural living environment is constantly becoming more restricted or destroyed.

Thus we increasingly find ourselves in a dilemma: We desire more and more goods which we can buy, but at the same time we witness with anxiety the dwindling of the foundations for their production and of nature as the basis for our survival.

We can only escape from this dilemma when it becomes clear to us that even though our economy is subject to a growth imperative, nonetheless the rates of growth could be much lower than they are today without the economy's losing its functional capability in the process. In my book *Die Wachstumsspirale* („The Spiral of Growth"), I have calculated, on the basis of plausible hypotheses, that a global (!) growth rate of around 1.8%—instead of the current global growth rate of around 5%—would be sufficient. If this is achieved—but only then—it will become possible to qualify the still-necessary growth in such a manner that a further rise in the use of resources and a further increase in negative environmental impact can be avoided. However, drastic institutional reforms are necessary for this purpose, above all
— a system of taxes and charges which is imposed more heavily on energy use and more lightly on work (ecological tax reform),
— a regulation of property rights in which consideration of nature is systematically included,
— a financial constitution in which the limitless creation of money by banking systems—this has been made possible by the replacement of coinage with paper money—is no longer subject solely to rates of return on investment, but instead can be primarily oriented towards general social and economic criteria.

The Growth Imperative

Der Wachstumszwang

Luft atmen, sauberes Wasser trinken, in einer vielfältigen Symbiose mit Pflanzen und Tieren leben, uns in einer natürlichen Landschaft orientieren können, und wir brauchen auch ein menschenverträgliches Klima. Mit der Produktion von Gütern, die wir kaufen können, und den dazu benötigten Bauten, Straßen und Dämmen und durch die Abfälle und Emissionen, die dabei erzeugt werden, wird aber diese natürliche Lebenswelt immer mehr eingeschränkt bzw. zerstört.

Wir kommen so zusehends in ein Dilemma: wir wünschen immer mehr Waren, die wir kaufen können, sehen jedoch gleichzeitig mit Sorge die Grundlagen für ihre Produktion und die Natur als Grundlage unseres Überlebens schwinden.

Aus diesem Dilemma können wir nur herauskommen, wenn wir uns bewusst sind, dass unsere Wirtschaft zwar einem Wachstumszwang untersteht, dass aber die Wachstumsraten sehr viel niedriger sein könnten als sie heute sind, ohne dass dadurch die Wirtschaft ihre Funktionsfähigkeit verliert. In meinem Buch „Die Wachstumsspirale" habe ich aufgrund plausibler Annahmen berechnet, dass eine globale (!) Wachstumsrate von ca. 1,8% – statt der heute gegebenen globalen Wachstumsrate von ca. 5% – genügen würde. Wenn dies gelingt – aber auch nur dann –, wird es möglich sein, das noch nötige Wachstum so zu qualifizieren, dass eine weitere Zunahme des Ressourcenverbrauchs und eine weitere Zunahme der Umweltbelastung vermieden werden. Allerdings sind dazu einschneidende institutionelle Reformen nötig, vor allem
— ein Steuer- und Abgabesystem, in dem der Energieverbrauch stärker und die Arbeit weniger belastet wird (Ökologische Steuerreform),
— eine Eigentumsordnung, in der die Rücksicht auf die Natur systematisch eingebaut ist,
— eine Geldverfassung, in der unendliche Geldschöpfung im Bankensystem – sie ist durch den Ersatz von Münzgeld durch Papiergeld möglich geworden – nicht mehr allein Renditegesichtspunkten unterstellt wird, sondern primär auf allgemeine gesellschaftliche und volkswirtschaftliche Kriterien ausgerichtet werden kann.

Die Bereitschaft zu entsprechenden Reformen ist gegeben, wenn wir realisieren, dass, mindestens in den industrialisierten Ländern, mit dem Wachstum des Sozialprodukts

Superflex
FLOODED MCDONALD'S
2008
RED Videoprojektion
21 Min.
Videostill

The Growth Imperative

The readiness to introduce appropriate reforms is given when we realize that, at least in industrial countries, it is scarcely any longer the case that an increase in contentment and happiness is connected with the growth of the gross national product. Hence an "eternal" rise in the gross national product can no longer be the goal. It will instead be much more a matter, today and in the future, of granting more space to the creative potential of the mind and the imagination, especially in view of the material limits inherent to the world. Instead of exploiting nature, the focus must be much more on expanding and complementing it through our intellectual achievements and thereby boosting, not the gross national product, but the joy in living. Making a contribution in this endeavor is an important responsibility of artistic creation—a responsibility which will become more and more important in the future.

ABOUT THE AUTHOR

Hans Christoph Binswanger, Professor Emeritus of Political Economics, studied economics in Zurich and Kiel and was appointed full Professor of Political Economics at the University of St. Gallen in 1969. From 1967 to 1992 he was director of the Forschungsgemeinschaft für Nationalökonomie (Institut of Economics) and from 1992 to 1995 director of the newly founded Institut für Wirtschaft und Ökologie (Institute for Economy and the Environment). He is specialized in environmental and resource economics, monetary theory and the history of economic theories.

Hans Christoph Binswanger has published numerous books including "Geld und Magie. Eine ökonomische Deutung von Goethes Faust" (Hamburg 2005), "Die Wachstumsspirale" (Marburg 2006), and "Vorwärts zur Mäßigung" (Hamburg 2009).

kaum mehr eine Zunahme von Zufriedenheit und Glück verbunden ist. Ein „ewiges" Wachstum des Sozialprodukts kann daher nicht mehr das Ziel sein. Es wird sich vielmehr heute und in Zukunft immer mehr darum handeln, der schöpferischen Potenz des Geistes und der Phantasie, gerade in Anerkennung der materiellen Grenzen der Welt, mehr Raum zu geben. Statt um die Ausbeutung der Natur muss es vielmehr darum gehen, sie durch unsere geistigen Werke zu ergänzen und zu erweitern und so statt des Sozialprodukts die Lebensfreude zu steigern. Dazu beizutragen, ist eine wichtige Aufgabe des künstlerischen Schaffens – eine Aufgabe, die in der Zukunft immer wichtiger werden wird.

ZUM AUTOR

Hans Christoph Binswanger, Professor em. für Volkswirtschaftslehre, studierte VWL in Zürich und Kiel und wurde 1969 als ordentlicher Professor für Volkswitschaftslehre an die Universität St. Gallen berufen. Von 1967 bis 1992 war er der Direktor der Forschungsgemeinschaft für Nationalökonomie. Von 1992 bis 1995 wirkte er als Direktor des neu gegründeten Instituts für Wirtschaft und Ökologie. Er spezialisierte sich in Umwelt- und Ressourcenökonomie, Geldtheorie und ökonomischer Theoriegeschichte.

Hans Christoph Binswanger veröffentlichte zahlreiche Bücher, darunter *Geld und Magie. Eine ökonomische Deutung von Goethes Faust* (Hamburg 2005), *Die Wachstumsspirale* (Marburg 2006) und *Vorwärts zur Mäßigung* (Hamburg 2009).

Der Wachstumszwang

R—Z

THOMAS RENTMEISTER

Die Skulpturen von Thomas Rentmeister (geboren 1964, lebt in Berlin) sind zumeist als plastische Formen greifbar und als Material oder sogar konkrete Gegenstände gewiss, zeichnen sich aber gleichzeitig durch eine große Bandbreite an Möglichkeiten aus, sie synästhetisch zu erleben. In vielen seiner Arbeiten beschäftigt sich Rentmeister mit dem Kontrast zwischen einerseits dem Wissen über Eigenschaften und Funktionen von Materialien und Gegenständen und andererseits ihrer formalen Perzeption: Wenn Rentmeister mit Nussschokocreme oder Kartoffelchips Objekte und Flächen auf dem Ausstellungsboden komponiert, wenn er Kühlschränke zu einem Quader schichtet und dabei aus formalen Gründen die Zwischenräume der Geräte mit Hautcreme verspachtelt, oder wenn er so unterschiedlich konnotierte Dinge wie Zucker, Waschmittel, Styroporplatten, Unterwäsche und Papiertaschentücher aufgrund ihrer gemeinsamen Farbigkeit (alle sind weiß!) in einer Bodenskulptur verbindet – dann prallen für die Betrachter Gehalt und Gestalt der addierten Elemente aufeinander und erzeugen spannende Metaphern. Der Künstler kalkuliert sehr genau individuelle Erfahrungen und Erinnerungen an bestimmte Dinge, die die Betrachter seiner Skulpturen mit in die Ausstellung bringen. Der Minimalismus seiner Werke ist, wie Ursula Panhans-Bühler es bezeichnet, „dirty".

Im Frankfurter Kunstverein zeigt Thomas Rentmeister eine Skulptur, die aus ca. 1 000 Pfund Kaffee besteht. Das handelsüblich zu Pulver vermahlene Produkt wurde so auf den Boden geschüttet, dass der entstandene Haufen zunächst an einen Baustellen-Sandhügel erinnert. Aus der Distanz betrachtet wirkt er wie eine Berglandschaft, wie eine trostlose Insel, die aus dem Ausstellungsboden hervorragt. Eine dicht über einer Kuhle dieses Haufens – bzw. über einem Tal dieser Berglandschaft – hängende, rote Glühlampe erinnert gleichermaßen an das Bild eines romantischen Sonnenuntergangs wie an die Wärmebestrahlung einer Brut- oder Zuchtstation: Es scheint, als ob dort Pflanzen oder Insekten wachsen, gedeihen und sich vermehren sollen. Die Skulptur duftet bzw. riecht und reklamiert dadurch einen Raum, der über ihre materielle Grenze hinauswächst.

Wenn Rentmeister Lebensmittel als Materialien für seine Kunstwerke einsetzt, dann rufen diese sowohl individuelle Erinnerungen wach – z. B. an den alltäglichen Umgang mit ihnen – als auch kollektives Wissen: Wie kaum ein anderes Verbrauchsmittel ist Kaffee (bzw. der Preis für eine 500-Gramm-Packung) ein Seismograph der Lebenshaltungskosten und ein Sinnbild der wirtschaftlichen Globalisierung. Dieser Haufen könnte auch als Visualisierung einer abstrakten, statistischen Angabe zum Kaffeekonsum à la „Durchschnittlich trinkt jeder Bundesbürger pro Jahr ..." gelesen werden. Die Mehrdeutigkeit von Rentmeisters Skulptur ist vergleichbar mit klassischen Vexierbildern, die zwischen verschiedenen Bedeutungsebenen changieren. Darüber hinaus interessieren den Künstler natürlich die physikalisch-bildhauerischen Eigenschaften des eingesetzten Materials. Gemahlener Kaffee besteht aus harten, aber relativ leichten Kügelchen, die deswegen weniger fließend fallen als bspw. Zucker und in der Schüttung eine andere Spannung zwischen Material und Zwischenraum herstellen: Mit Kaffee können keine hohen Berge hergestellt werden, bei genauerer Betrachtung erinnert der Haufen deswegen eigentlich eher an eine Düne, was wiederum neue Assoziationen auslöst.

In einer zweiten im Frankfurter Kunstverein gezeigten Arbeit benutzt Rentmeister einen offenkundigen Nachweis des permanenten Wachsens eines menschlichen Körpers – nämlich Abschnitte von Zehen- und Fingernägeln – um damit eine Ikone der künstlerischen Auseinandersetzung mit Unendlichkeit zu zitieren: Durch das regelmäßige Aneinanderfügen der kleinen Halbrunde von Fingernägeln mit den großen Halbrunden von Zehennägeln in einer Vertikalen entsteht eine direkte Referenz zu Barnett Newmans berühmten „Stripes". Auch diese Arbeit von Thomas Rentmeister ist eine Metapher des Wachstums.

The sculptures of Thomas Rentmeister (born in 1964, lives in Berlin) can for the most part be grasped three-dimensionally, but they are simultaneously characterized by a broad range of possibilities to experience them synaesthetically. In many of his pieces, Rentmeister deals with the contrast between the knowledge of the properties and functions of materials and objects, on the one hand, and the perception of their form, on the other: When Rentmeister composes objects and surfaces on the gallery floor out of nut chocolate cream or potato chips, when he stacks refrigerators to form a square block and, for formal reasons, fills in the gaps between the devices with skin cream, or when he combines such variously connoted products such as sugar, washing powder, polystyrene panels, underwear, and tissues based on their common color (they are all white!) to form a floor sculpture, then the content and shape of the compounded elements clash and create exciting metaphors for the viewer. The artist precisely calculates individual experiences and memories of certain things that viewers of his sculptures bear in mind when visiting the exhibition. The minimalism of his works is, as Ursula Panhans-Bühler has pointed out, "dirty."

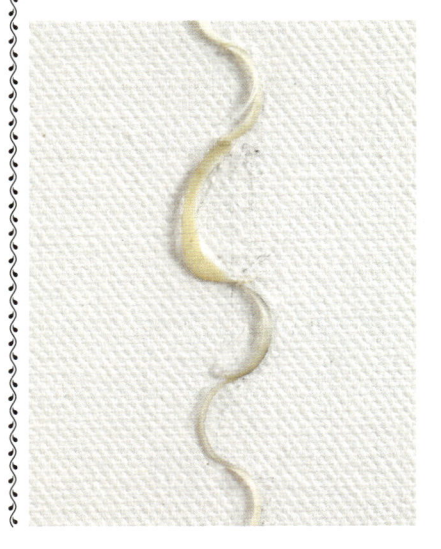

In the Frankfurter Kunstverein, Thomas Rentmeister exhibits a sculpture consisting of around 1,000 pounds of coffee. The standard ground product was dumped on the floor so that the heap is at first reminiscent of a pile of sand on a construction site. Viewed from a distance, it looks like a mountain landscape or a dreary island protruding from the gallery floor. A red light bulb hanging close above a hollow in the heap—or a valley in the mountain landscape—reminds one of both the image of a romantic sunset and the heat radiation of a breeding or cultivation station: It appears as if plants or insects were to grow, thrive and reproduce themselves here. The sculpture emanates a flagrance, or smell, and thus reclaims a space extending beyond its material borders.

When Rentmeister uses foodstuffs as material for his artworks, they evoke personal memories—of their daily use, for instance—but also collective knowledge: Like almost no other consumer good, coffee (or the price for a 500-gram package) serves as a gauge of the cost of living and is a symbol of economic globalization. This pile could also be read as the visualization of an abstract statistical value on coffee consumption à la "on average, each year every German drinks...". The ambiguity of Rentmeister's sculpture is comparable to classical picture puzzles that vacillate between different levels of meaning. Of course, the artist is also interested in the physical and sculptural features of the utilized material. Ground coffee consists of hard yet relatively light globules that for this reason fall in a manner less flowing than sugar, for example, and when poured it creates a different tension between material and the gaps in between: One cannot create high mountains with coffee, and when taking a closer look, the pile actually reminds one more of a dune—which in turn triggers new associations.

In a second work displayed in the Frankfurter Kunstverein, Rentmeister uses an obvious proof of the human body's permanent growth—clippings of toenails and fingernails—to cite an icon of the artistic examination of infinity: The regular, vertical composition of small fingernail crescents with larger toenail crescents establishes a direct reference to Barnett Newman's famous "Stripes." This work by Thomas Rentmeister is also a metaphor of growth.

OHNE TITEL
2007
Fingernägel, Zehennägel, Klebstoff auf Leinwand / Fingernails, toenails, glue on canvas
Courtesy Galerie Otto Schweins, Köln
Foto: Bernd Borchardt
© VG Bild-Kunst Bonn

OHNE TITEL
2008
Kaffee, Glühlampe, Kabel /
Coffee, light bulb, cable
Courtesy Galerie Ellen de Bruijne,
Amsterdam und
Galerie Otto Schweins, Köln
Ausstellungsansicht
Centraal Museum, Utrecht 2008
Foto: Centraal Museum, Utrecht
© VG Bild-Kunst Bonn

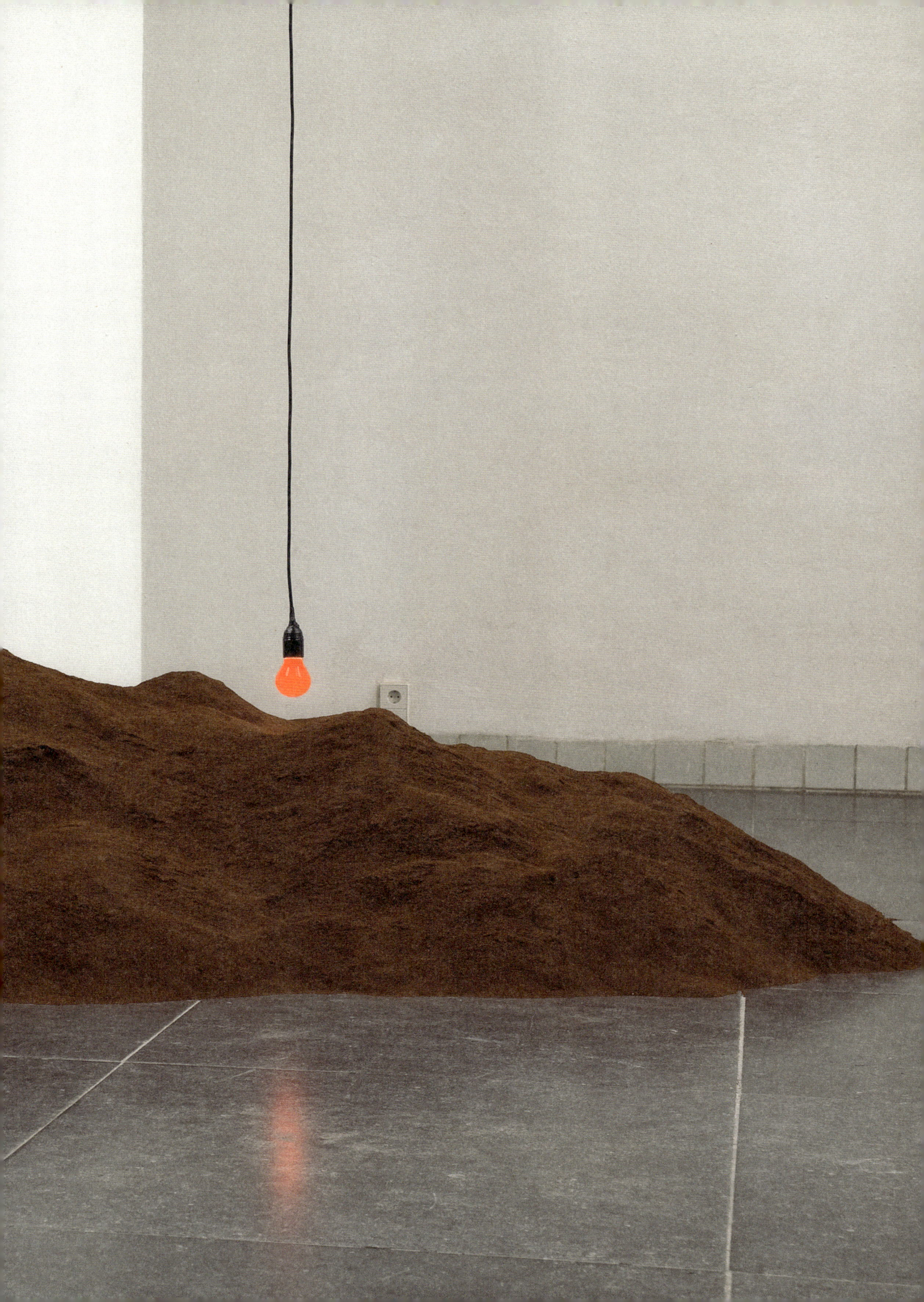

REYNOLD REYNOLDS

Reynold Reynolds (geboren 1966 in Fairbanks/AK, lebt in Berlin) studierte Physik und später Film Studies bei dem Experimentalfilmer Stan Brakhage an der University of Colorado, Boulder und absolvierte ein Kunststudium an der School of Visual Arts in New York. In seinem filmischen Werk verbindet er philosophische und wissenschaftliche Fragestellungen zu den Bedingungen und Einflüssen des menschlichen Lebens.

Die im Rahmen des Ausstellungsprojektes „Über die Metapher des Wachstums" im Kunstverein Hannover präsentierte 2-Kanal-Videoinstallation „Secret Life" entstand als erster Teil einer Serie von drei Kurzfilmen, der „Secrets Trilogy". Der filmische Stil, die hyperreale Ästhetik sowie die bedrückend-beklemmende Grundstimmung ziehen sich ebenso wie die Besetzung der Protagonistin mit der Schauspielerin Helga Wretman durch die weiteren Teile „Secret Machine" (2009) und „Six Easy Pieces" (2010). Wie auch in anderen Arbeiten beschreibt Reynolds die psychische Verfassung eines Menschen in der „Secrets Trilogy" anhand metaphorischer Bilder.

„Secret Life" zeigt eine junge Frau, die isoliert von der Außenwelt in einer Wohnung lebt; verschiedenste Pflanzenauswucherungen erstrecken sich über die gesamte Fläche der Räume und setzen im Verlauf des Films ihr unkontrolliertes Wachstum fort. Die Protagonistin scheint sich in einem sinnentleerten Kreislauf zu befinden, der auf elementare Vorgänge wie essen, duschen und schlafen beschränkt ist und in dem keinerlei Kommunikation stattfindet. Sowohl die mechanischen Bewegungen ihres Körpers wie auch ihre „Anfälle", in denen sie Obst verschlingt oder sich darin windet, lassen ihren inneren Zustand als zwischen Apathie, Verzweiflung und Entfremdung changierend deuten. Während sich die Frau in ihrer Einsamkeit und Passivität zu verlieren droht, breiten sich die Pflanzen ungehindert aus, rauben ihr die Bewegungsfreiheit und bemächtigen sich ihres Lebensraums.

Reynold nutzt organische Pflanzenwucherungen als Metapher für die Auswüchse seelischer Belastung. Das Ausweiten der Gewächse in der Wohnung zeigt zugleich das Heranwachsen einer unkontrollierbaren psychischen Negativentwicklung im Seelenraum eines Menschen. Die Kameraführung von Raum zu Raum, die zum Teil mit dem Ticken einer Uhr synchronisiert wird, sowie ein Zifferblatt in Großeinstellung verdeutlichen das unausweichliche Vergehen der Zeit, in der eine psychische Erkrankung bis hin zur Psychose gedeihen kann. Das psychische Befinden eines Menschen erscheint bei Reynolds nicht als Zustand, sondern als eine unbeherrschbare zeitlich wachsende Entwicklung.

Reynold Reynolds (born in 1966 in Fairbanks/AK, lives in Berlin) studied physics and later film studies with the experimental filmmaker Stan Brakhage at the University of Colorado, Boulder, as well as art studies at the School of Visual Arts in New York. In his filmic works, he connects philosophical and scientific questions with the conditions and influences of human life.

The 2-channel video installation "Secret Life" presented at the Kunstverein Hannover in the framework of the exhibition project "On the Metaphor of Growth" is the first part of a series of three short films, the "Secrets Trilogy." The filmic style, the hyperreal aesthetic and the oppressive overall atmosphere also prevail in the other two parts, "Secret Machine" (2009) and "Six Easy Pieces" (2010), with all three featuring the actress Helga Wretman as protagonist. As in other works of him, Reynolds describes the mental state of a person in "Secrets Trilogy" using metaphoric images.

"Secret Life" shows a young woman living in an apartment isolated from the outside world; the most various plants proliferate over all surfaces of the rooms and continue their uncontrolled growth during the course of the film. The protagonist seems to be caught in a cycle devoid of meaning, limited to the most elementary actions such as eating, taking a shower and sleeping, with no communication taking place. Both the mechanical body movements and her "fits," during which she devours or lies on fruit, allow her inner state to be interpreted as vacillating between apathy, despair and alienation. While the woman threatens to lose herself in her solitude and passivity, the plants spread without hindrance, robbing her freedom of movement and taking hold of her habitat.

Reynold employs organic plant proliferations as a metaphor of the excesses of psychological strain. At the same time, the plants spreading in the apartment depict the increasingly uncontrollable, negative psychological development in a person's mind. The camera moving from room to room, in part synchronized to the ticking of a clock, as well as the close-up of a dial emphasize the unavoidable passing of time, during which psychological illness can turn into psychosis. With Reynolds, the psychological condition of a person does not appear as a fixed state, though, but as an uncontrollable development unfolding over time.

94–97
SECRET LIFE
2008
2-Kanal-Videoprojektion,
16 mm auf DVD
5 Min.
Videostill, Details
Courtesy Galerie Zink
München Berlin

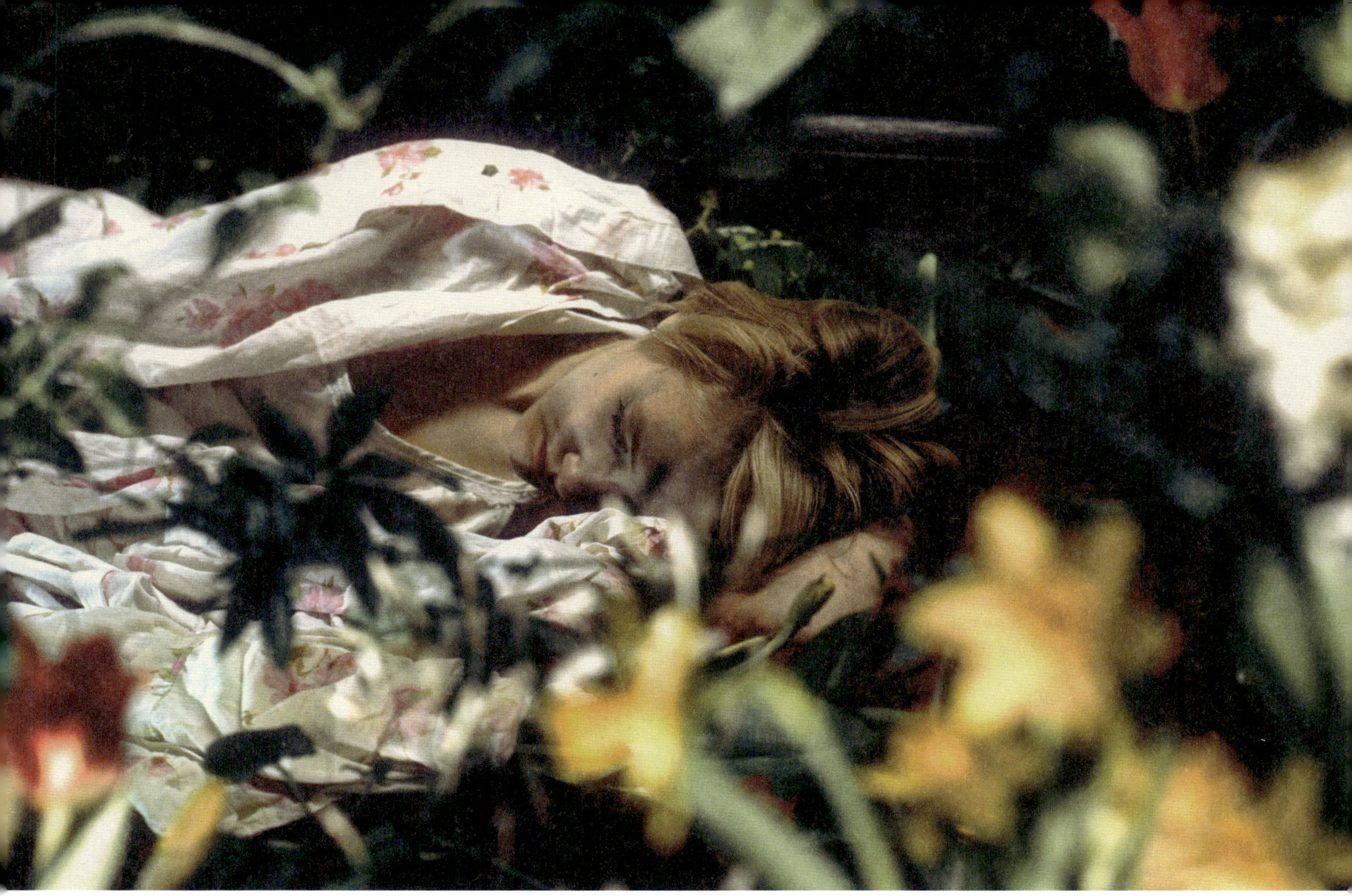

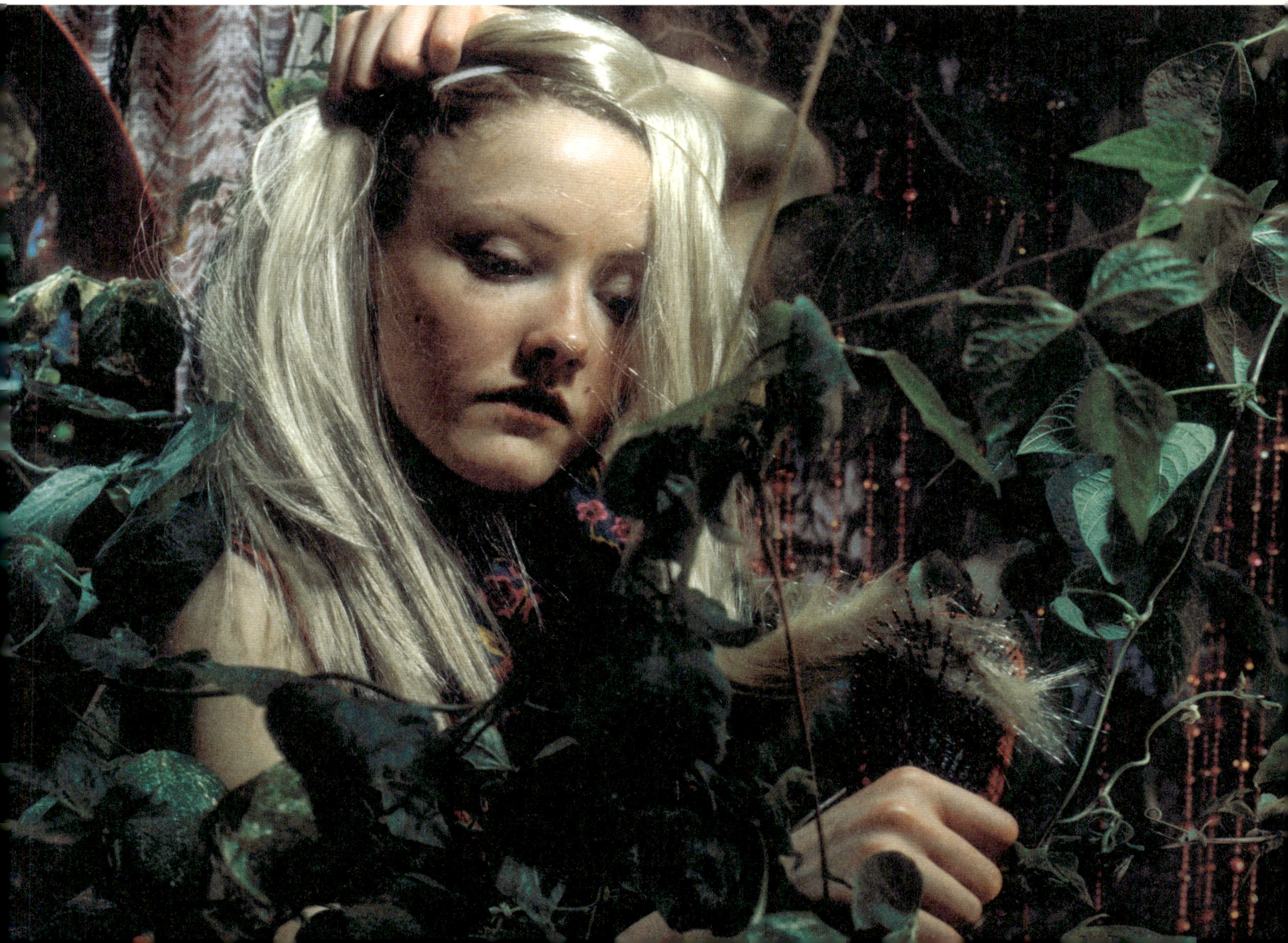

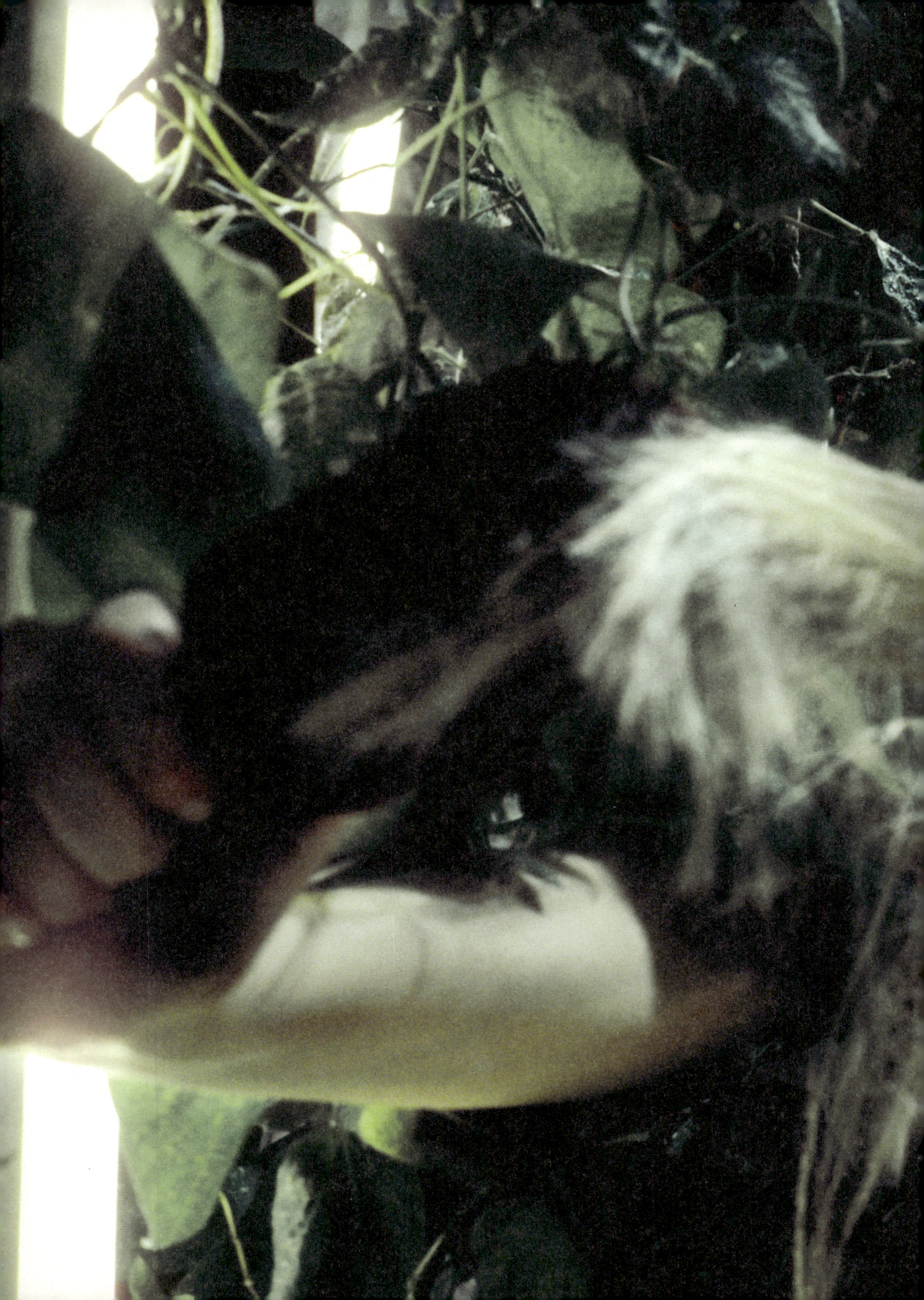

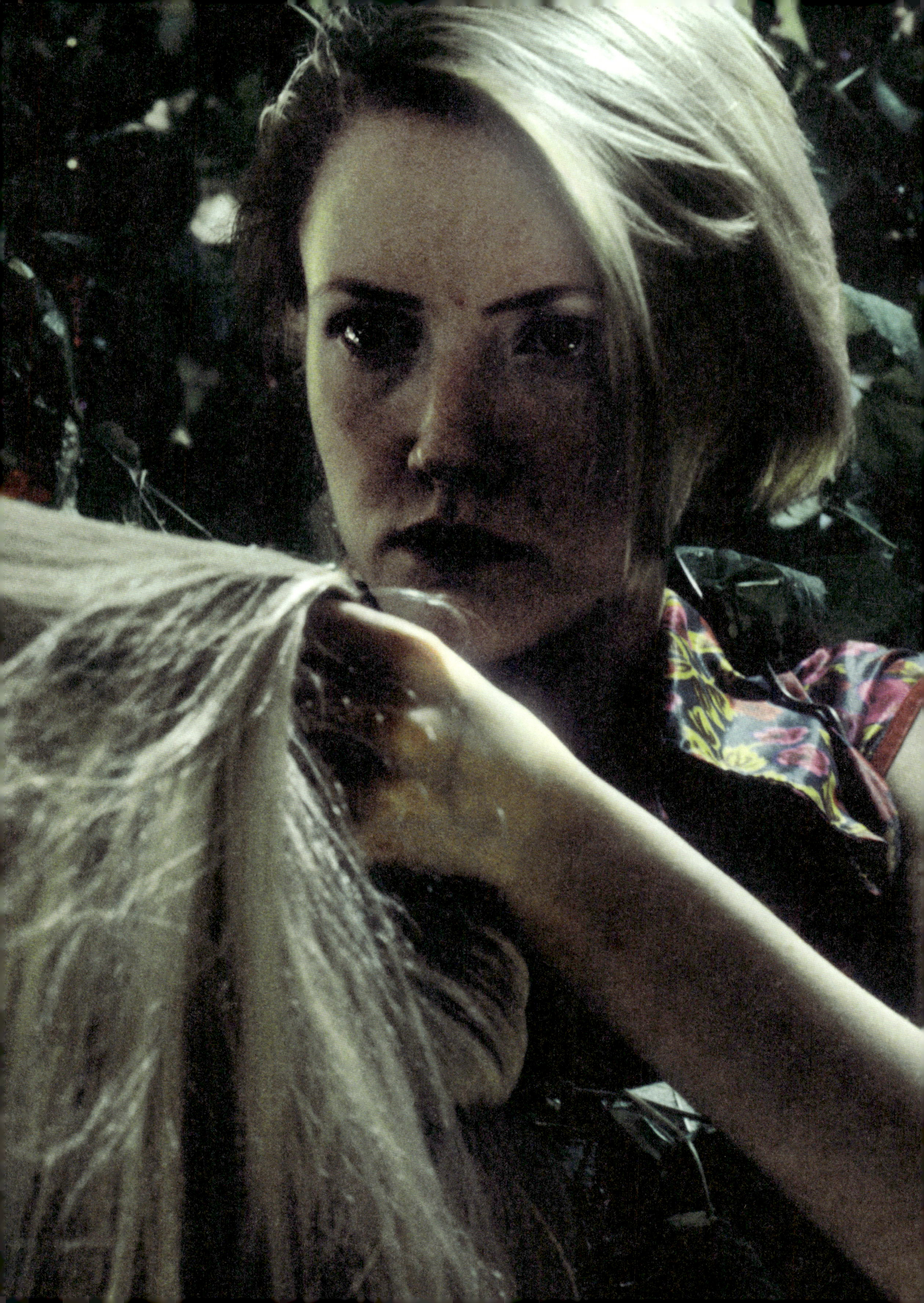

ROBOT (JOHN MILLER, TAKUJI KOGO) / AURA ROSENBERG

Das Ideal der romantischen Liebe galt lange Zeit als letzter Rückzugsort in einer kommerzialisierten, auf Wachstum und Fortschritt programmierten Welt. Wie zum Beispiel die Soziologin Eva Illouz in ihrem Buch „Konsum und Romantik" (1997) aufzeigte, gehen die Sphären Liebe und Kapitalismus jedoch längst ineinander über und beeinflussen sich wechselseitig. Während Konsumgüter zunehmend romantisierend beworben werden, ist auch die Liebe selbst heute direkt mit Waren verknüpft: Liebende kaufen sich teure Geschenke, buchen einen Urlaub am Strand oder gehen ins Restaurant. Die Utopie der Liebe, der kalten, ökonomisierten Welt entgegenzustehen, ist heute, so Illouz, sogar zum bevorzugten Ort des kapitalistischen Konsums geworden.

Die zweieinhalbminütige Flash-Animation „Towards The World" (2010) der Gruppe Robot (John Miller, US & Takuji Kogo, JP) könnte den Soundtrack zu Illouz' These bilden. Auf der Tonebene hört man dort eine elektronisch generierte Computerstimme Texte von Kontaktanzeigen singen: „Ich suche nach Jemandem mit Intelligenz und Einfühlungsvermögen, mit einer ähnlichen emotionalen und politischen Weltsicht, nach Jemandem, mit dem ich lachen und Spaß haben kann … Ich mag Kreuzworträtsel, lange Autofahrten, mexikanisches Essen, Strände …" Mit solchen Bekanntschaftsanzeigen wird ein Genre ins Spiel gebracht, in dem die Selbstdarstellung nur selten mit der Realität übereinstimmt, sondern vielmehr ein eigenes Image erzeugt. Gleiches passiert auf der Bildebene. Dort wandert die „Kamera" (es handelt sich eigentlich um eine Animation) auf einer surrealen Collage aus Werbefotos der Künstlerin Aura Rosenberg (US) umher: von der teuren Villa zum Sandstrand unter Palmen, vom Sportwagen zur leckeren Pizza, vom lächelnd tanzenden Paar zum Autokino usw. Es ist eine pendelnde Kreisbewegung, so, als ob sich die singende Stimme zur Unterstreichung der von ihr vorgetragenen Selbstcharakterisierung jeweils anderen Konsumzielen zuwendet. Wie unterschwellige Botschaften begleiten die Bilder den Text und fügen sich aneinander wie Länder und Meere auf einer Weltkarte. Die Bilder/Wünsche gehen ineinander über und werden zu einer eigenen, heilen Welt, die durch weitere Bilder/Wünsche stetig wachsen könnte. Tatsächliche Personen scheint es dort nicht mehr zu geben, stattdessen nur noch stereotype Figuren aus der Werbung und die durch einen Synthesizer entmenschlichte Stimme.

Bild- und Textebene zusammen scheinen zu behaupten, dass die Liebe, nach der hier gesucht wird, sich auch etwas leisten können muss. Oder andersherum: Wer sich liebt, konsumiert – und teilt nicht nur dieselben Werte oder einen ähnlichen Humor. Dass die Vokabeln der Liebe nicht nur aus Emotionen und Gefühlen bestehen, sondern auch aus einer Ansammlung von Daten, die Auskunft geben über das Geschlecht, den Körper, die finanzielle Situation und die sexuellen Neigungen von Jemandem, hat John Miller bereits in früheren Projekten beleuchtet. Der Clip „Towards The World" führt nun nicht nur die Kontaktanzeige (bzw. den Kontaktsong) als technisches Verfahren zum Aufspüren des perfekten Partners vor, sondern behauptet subtil als gesellschaftlichen Konsens: Nicht im stillen Kämmerlein soll die gegenseitige Zuneigung gezeigt werden, sondern draußen in der Öffentlichkeit, dort, wo die Rituale der Liebe einhergehen mit Demonstrationen des sozialen Status'.

For a long period of time, the ideal of romantic love was regarded as the last retreat in a commercialized world programmed along the lines of growth and progress. As the sociologist Eva Illouz shows in her book *Consuming the Romantic Utopia* (1997), however, the borders between the spheres of love and capitalism have long become blurred and both influence each other. While consumer goods are increasingly advertised for in a romanticizing fashion, love itself is today also directly linked to commodities: lovers buy each other expensive gifts, book a vacation at the beach or go out for dinner. Illouz argues that the utopia of love—to counter the cold, economized world—has even become the preferred site of capitalist consumption.

The two-and-a-half-minute Flash animation "Towards The World" (2010) by the group Robot (John Miller, US & Takuji Kogo, JP) could serve as a soundtrack to Illouz' proposition. On the audio level one hears an electronically generated computer

TOWARDS THE WORLD
2010
Flash animation
Installationsansicht: Jens Ziehe
Courtesy Galerie Barbara Weiss, Berlin

voice singing texts from lonely hearts ads: "I am looking for intelligence and empathy, a similar emotional and political outlook towards the world and someone to laugh with and have some fun meeting ... And I love crossword puzzles, long car rides, Mexican food, beaches..." With such personal ads, a genre is brought into play in which self-presentation rarely coincides with reality, but instead creates an image of its own. The same takes place on the visual level, where the "camera" (it is actually an animation) roams across a surreal collage of advertising photos by the artist Aura Rosenberg (US): from an expensive mansion to a palm beach, from a sport car to a tasty pizza, from a smiling and dancing couple to a drive-in movie theater, and so forth. It is an oscillating circular motion, as if the singing voice—to highlight the self-characterization presented—were turning from one consumer goal to the next. The pictures accompany the text like subliminal messages and join together like countries and oceans on a world map. The images/desires merge into one another and become an ideal world of their own, which could keep on growing with further images/desires. Real people seem to no longer exist here. Instead there are only stereotyped figures from ads and a voice dehumanized by a synthesizer.

Together, the image and text levels appear to claim that love, which is being sought here, also has to be able to afford something. Or the other way around: Those who love, consume—and not only share the same values or a similar sense of humor. In earlier projects, John Miller already shed light on the fact that the vocabulary of love consists not merely of emotions and feelings but also of a collection of data that impart information on the gender, body, financial situation and sexual preferences of a person. The clip "Towards The World" not only reveals the personal ad (or the lonely hearts song) as a technical method to track down the perfect partner, but also subtly claims—as a social consensus—that mutual affection should not be shown in private but outside in public, where the rituals of love are accompanied by the demonstration of one's social status.

MIKA ROTTENBERG

Die Videokünstlerin Mika Rottenberg (geboren 1976 in Buenos Aires, lebt in New York) analysiert in den rätselhaften Welten ihrer Videoinstallationen manuelle Produktivität und Wertschöpfungsprozesse. Die im Kunstverein Hannover präsentierte Videoarbeit „Dough" (2006) zeigt das Zusammenspiel mehrerer Arbeiterinnen, die in beengten Raumparzellen, die übereinander zu liegen scheinen, in einem grotesken Kreislauf ohne Unterlass Teig produzieren. Als unförmige Masse dringt er durch ein Loch in der Decke, wird mit großem Körpereinsatz auf einer grotesken Apparatur von einer stark übergewichtigen Frau geknetet, zur Rolle geformt, segmentiert und nach jedem Arbeitsschritt an eine Arbeiterin jeweils im Raum unterhalb weitergeleitet. Bestandteil des Prozesses ist nicht nur die körperliche Kraft der Frauen, ebenso fließen Wärme und Tränen der Frauen in diesen ein und tragen zum Wachsen des Teigs bei. Die Videoinstallation wird in einer ähnlich beengten Raumkonstruktion gezeigt, wie sie im Film zu sehen ist. Wachstum wird in dieser fiktivmärchenhaften Arbeit als scheinbar unendlicher, mehrschichtiger Prozess charakterisiert, dem – in Gestalt des unablässig wie aus dem Nichts auftauchenden Teigs – auch eine gewisse Bedrohlichkeit und Absurdität anhaftet.

Im Frankfurter Kunstverein ist Mika Rottenberg mit der Videoinstallation „Fried Sweat" (2008) vertreten. Ein kleines Guckloch in der Ausstellungswand gewährt den Blick in ein Kaleidoskop, in dem ein 2-minütiger Videoloop zu sehen ist. Dieser zeigt, spiegelsymmetrisch vervierfacht und an ein Mandala erinnernd, das Szenario eines Wellness-Studios, in dem indische Musiker in einem überdimensionalen Cocktailglas sitzen, ein Bodybuilder selbst produzierten Schweiß in einer Bratpfanne verdampfen lässt, ein knieender Mann sich auf das Durchschlagen von Brettern konzentriert und eine Frau sich in einer Mischung aus Schlangenmenschdarbietung und Yogaübung an einem absurden Rückwärtsüberschlag versucht. Sie alle erwecken den Eindruck, an etwas zu arbeiten bzw. eine selbst gestellte Aufgabe oder einen Auftrag zu erledigen. Mika Rottenberg führt die Regie dieses seltsamen Reigens, in dem jeder einzelne Teilnehmer durch körperliche Übung, durch ein Über-sich-Hinauswachsen eine zielgerichtete Optimierung oder Weiterentwicklung anstrebt.

FRIED SWEAT
2008
1-Kanal-Videoinstallation
Pasquale Leccese Collection, Mailand
Courtesy Le Case D'Arte /
Nicole Klagsbrun Gallery

In the enigmatic worlds of her video installations, video artist Mika Rottenberg (born in 1976 in Buenos Aires, lives in New York) analyzes manual productivity and processes of value creation. The video piece "Dough" (2006), on view at the Kunstverein Hannover, shows the interaction of several female workers in a grotesque, uninterrupted cycle producing dough in confined spaces that seem to lie on top of each other. The dough comes through a hole in the ceiling as a formless mass, it is kneaded with great physical effort by an obese woman on a grotesque apparatus, formed to a roll, cut in segments and then, after each step, passed down to a worker in the room below. The process does not only consist in the physical power of the women but also in their warmth and tears that contribute to the growth of the dough. The video installation is screened in a confined spatial construction similar to the one in the film. In this fictive, fairy-tale-like work, growth is characterized as a seemingly endless, multilayered process that—in the shape of the dough constantly appearing as if from nowhere—also emanates a certain threat and absurdity.

The Frankfurter Kunstverein exhibits Mika Rottenberg's video installation "Fried Sweat" (2008). A small peephole in the exhibition wall grants the view into a kaleidoscope in which a 2-minute video loop can be seen. It depicts—quadrupled in mirror symmetry and reminiscent of a mandala—the scenario of a wellness studio in which Indian musicians sit in an oversized cocktail glass, a bodybuilder fries his own sweat in a pan, a man on his knees concentrates on chopping through boards, and a woman attempts an absurd backwards somersault in a combination of contortionist performance and yoga exercise. They all make the impression of working on something or accomplishing a self-imposed or ordered task. Mika Rottenberg is the director of this strange roundelay, in which each participant aims at targeted optimization or further development by means of bodily exercise, by outdoing him- or herself.

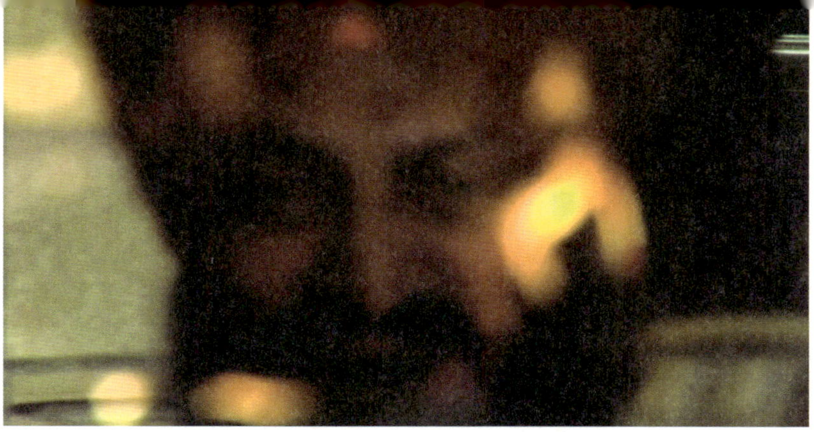
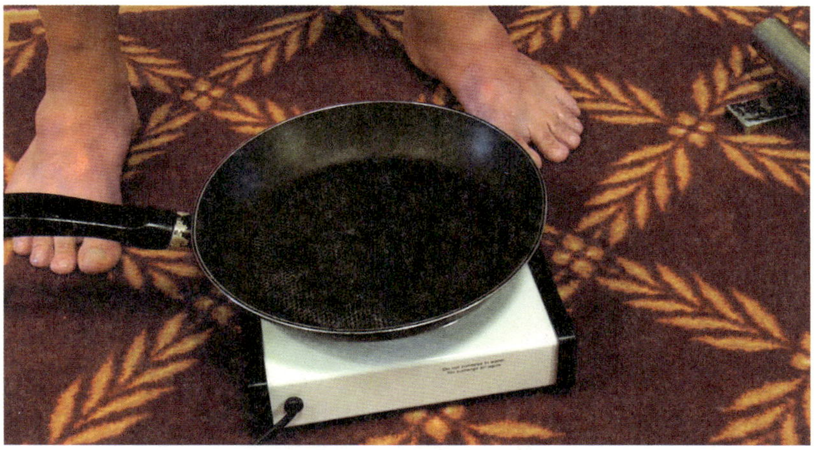
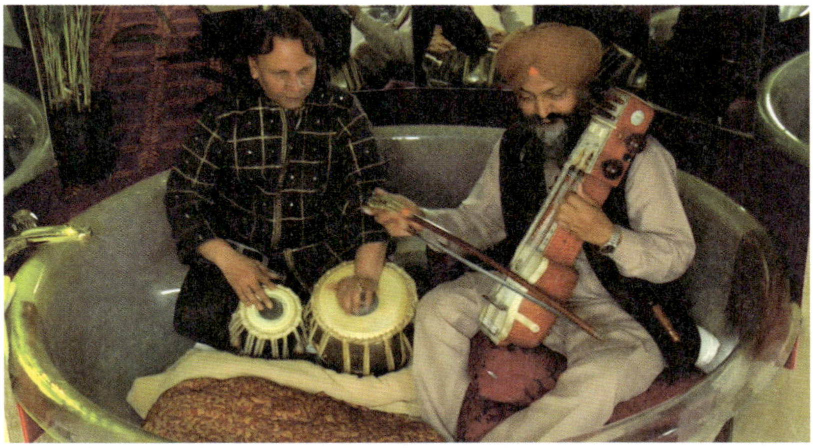
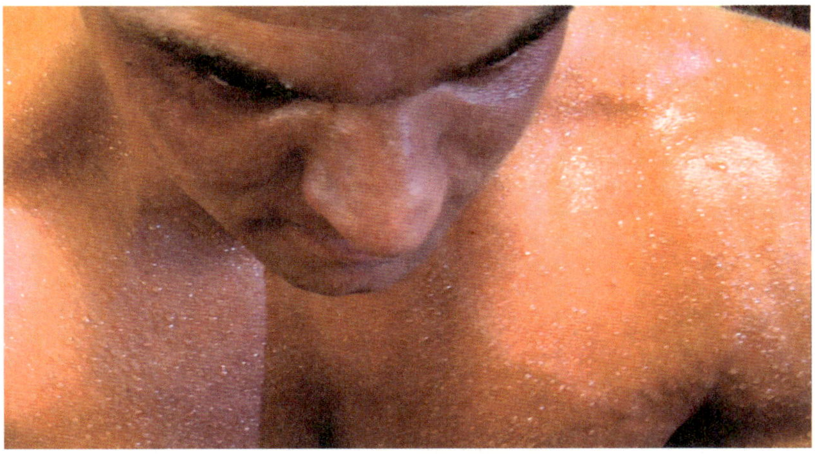
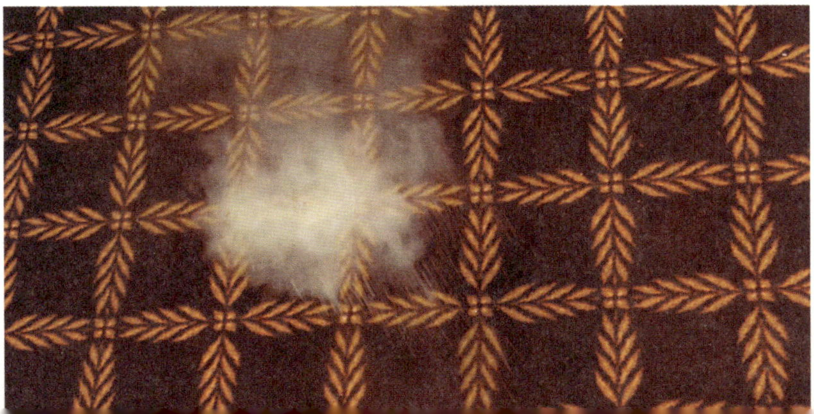

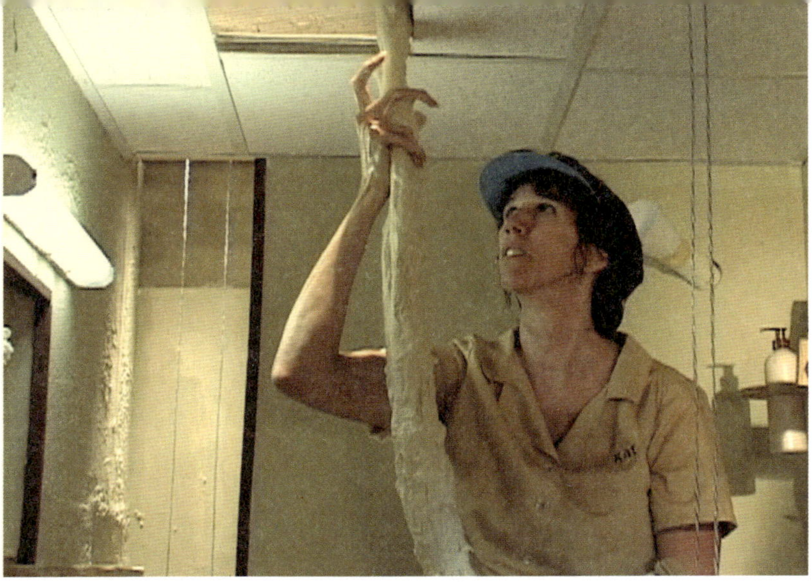

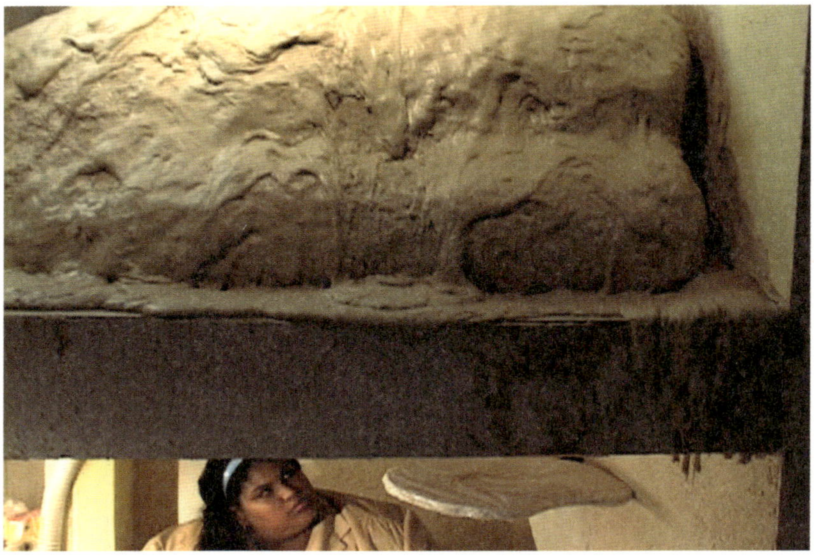

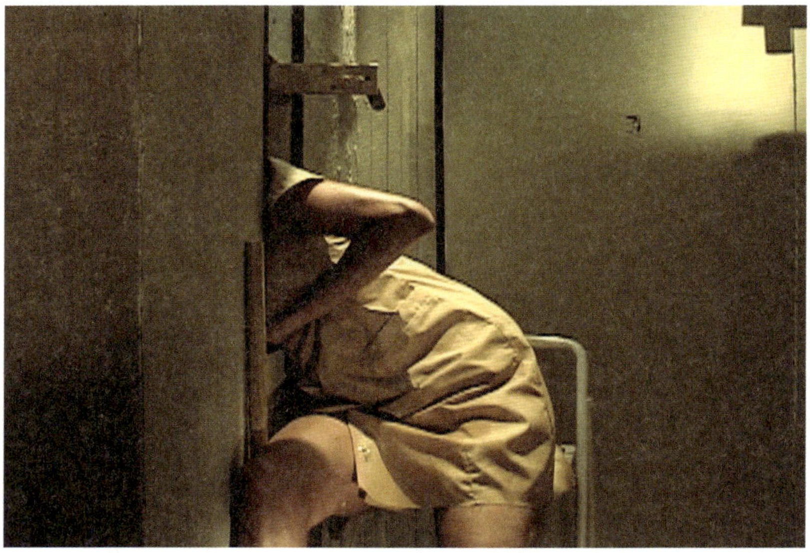

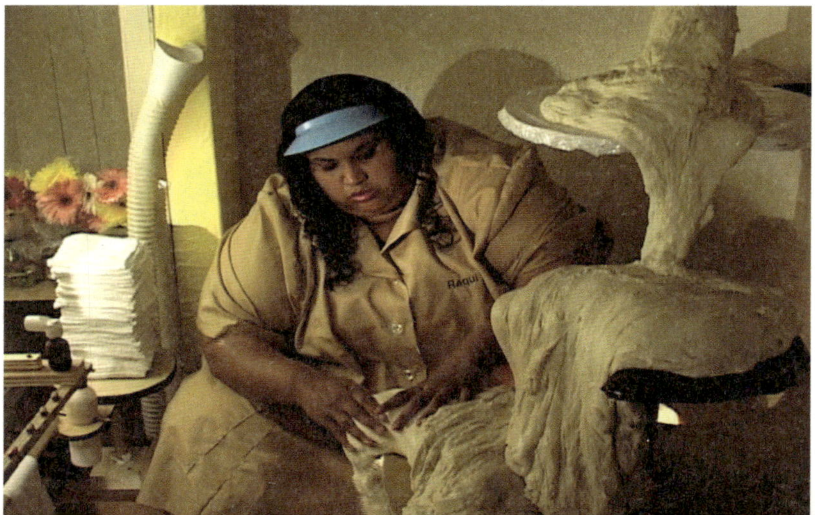

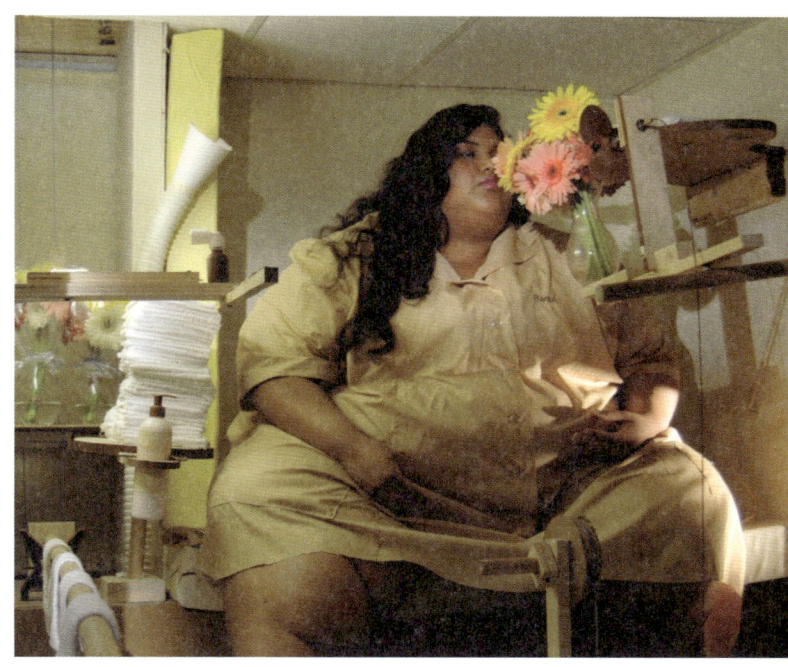

DOUGH
2005
Videoskulptur
Farbe, Ton / Colour, sound
7 Min.
Videostills
Courtesy Julia Stoschek Foundation e. V.,
Düsseldorf
Nicole Klagsbrun Gallery,
New York

JULIKA RUDELIUS

In ihren Videoarbeiten beschäftigt sich Julika Rudelius (geboren 1968 in Köln, lebt in Amsterdam und New York) mit menschlichen Verhaltensweisen, kommunikativen Codes sowie kulturellen und geschlechtsspezifischen Verhaltensmustern. Die für ihre Aufnahmen präzis definierten Orte werden oftmals speziell erstellt, so auch für die Videoinstallation „Economic primacy" (2005); hier dient ein durchschnittlicher Büroraum als Setting für eine Gesprächssituation mit fünf von der Künstlerin ausgewählten Männern. Ein Rechtsanwalt, ein Medien- und ein PR-Berater, ein Millionär sowie ein Topmanager antworten auf Fragen der Künstlerin, die der Betrachter des Videos nicht hört. In ihren Monologen erklären die Männer Geld und Gewinnvermehrung zum einzigen Ziel und gleichzeitig zur Triebfeder ihres Handelns. In beunruhigender Weise beschreibt die Arbeit wirtschaftliches Wachstum und Gewinnstreben als Voraussetzung für Macht und Einfluss. Ausgangspunkt für diese Arbeit bildet Rudelius' Auseinandersetzung mit einer Liste psychologischer Erkennungsmerkmale von Psychopathen. Für die Künstlerin zeigten sich Parallelen zwischen der Beschreibung des Krankheitsbildes und dem kommunikativen Verhalten der erfolgreichen Geschäftsleute, wie beispielsweise die Absenz von Mitgefühl oder die manipulative Verwendung von Sprache.

Eine weitere Arbeit von Julika Rudelius, die im Frankfurter Kunstverein gezeigt wird, beschäftigt sich mit dem Aspekt des sozialen Wachstums des Individuums: der Weg vom Kind zum Teenager, vom Schulabgänger in die Ausbildung, vom Berufseinstieg die Karriereleiter hinauf – die Entfaltung des Individuums zu Produktion (Arbeit) und Reproduktion (Familie). Das 9-minütige Video „Dressage" (2009) beobachtet in einem Innenraum junge Mädchen an der Schwelle zur Pubertät, die sich selbstbewusst und zugleich spielerisch für den Auftritt auf einem Laufsteg vorzubereiten scheinen. Sie schminken sich, richten ihre Kostüme, stolzieren auf High-Heels und porträtieren sich gegenseitig mit ihren Foto-Handys. Nach ein paar Minuten nimmt das Geschehen eine unerwartete Wendung: Die Mädchen beginnen, den sie umgebenden Raum einzureißen. Mit Schminkspiegeln und Stuhlbeinen werden Löcher in die Wände geschlagen, die Begrenzungen des Raumes eingetreten und Durchbrüche nach draußen geschaffen. Dort erscheint ein weiterer, lichtdurchströmter Raum mit Zimmerpflanzen, wie sie in Büroetagen stehen, und die Szenerie wirkt nun, als würden die jungen Mädchen geradewegs in die Welt der Erwachsenen aufbrechen – durchgestylt und gut vorbereitet.

※

In her video works, Julika Rudelius (born in 1968 in Cologne, lives in Amsterdam and New York) deals with human behavior, communication codes, and cultural and gender-specific patterns of conduct. The places precisely defined for her shootings are often specially created, as for her video installation "Economic primacy" (2005). Here, an ordinary office serves as the setting for a conversation between five men selected by the artist. A lawyer, a media consultant, a PR consultant, a millionaire, and a top manager answer questions raised by the artist that are inaudible to the viewer. In their monologs, the men declare money and the increase in profit to be the only objective and at once the driving force behind all their activities. In a disturbing manner, the work describes economic growth and the pursuit of profit as the preconditions of power and influence. The starting point of the piece is Rudelius' investigation of a list of identifying psychological features of psychopaths. The artist sees parallels between the description of these symptoms and the communicative behavior of the successful businessmen, for example, the lack of empathy or the manipulative use of language.

A further work by Julika Rudelius on view at the Frankfurter Kunstverein engages with the aspect of the individual's growing up in society: the path from child to teenager, from school-leaver to advanced education, from career entry all the way up the career ladder—the individual's development towards production (work) and reproduction (family). The 9-minute video "Dressage" (2009) observes young girls on the threshold of puberty in an interior room. They appear to be preparing themselves for an appearance on a catwalk, applying make-up, fixing their costumes, strutting on high-heels, and portraying each other with their cell phones. After a few minutes an unexpected change occurs: The girls start tearing down the room surrounding them, hitting holes into the walls with make-up mirrors and chair legs, kicking down the boundaries of the space, and breaking through to the outside. Here, a further brightly illuminated room with house plants like on an office floor appears, and the scene now gives the impression as if the young girls were heading straight into the adult world—stylish and well-prepared.

DRESSAGE
2009
HD Videoinstallation
8:31 Min.
Courtesy Galerie Reinhard Hauff, Stuttgart
Foto: Julika Rudelius

ECONOMIC PRIMACY
2005
Videoinstallation
17:56 Min.
Courtesy Galerie Reinhard Hauff, Stuttgart
Foto: Julika Rudelius

FRANCK SCURTI

Das Werk von Franck Scurti (geboren 1965 in Lyon, lebt und arbeitet in Paris) ist vom alltäglichen Leben geprägt. Aspekte der Konsumwelt, einer internationalen, urbanen Lifestyle-Kultur sowie der damit zusammenhängenden Musikszene fließen in seine Werke ein. Scurti bringt seine Arbeiten mit dem Begriff der „Street Credibility" in Bezug, jenem Begriff aus der Musikbranche, der Rap-Musikern Respekt und Glaubwürdigkeit auf der Straße, als ursprünglichem Entstehungsort des Rap, bescheinigt. Wenn der Künstler einzelne Motive aus dem Alltagsleben aufgreift, so übernimmt er konzeptuell auch bewusst die Konnotationen des Begriffs und die mit dem Objekt verbundene Sozialisierung. Der Künstler reproduzierte beispielsweise für sein Objekt „Sandwich" (1998) die Tür einer Bäckerei seines Wohnviertels samt den darauf angebrachten Labels und Hinweisen auf die Akzeptanz von Kreditkarten. Ein weiteres Beispiel ist das Werk „Street Credibility" (1998), für das der Künstler seine Schuhe mit dem Motiv des Pariser Stadtplans besohlen ließ. In der Ausstellung „Über die Metapher des Wachstums" im Kunsthaus Baselland zeigt Scurti das Video „La Linea" (2002), für das er in Absprache mit Osvaldo Cavandoli, dem Schöpfer der gleichnamigen Zeichentrickserie, eine neue Episode produziert hat. Der Zeichentrickfilm besteht aus einer einzigen Linie, aus der heraus die Figur und ihr direkter Kontext fließend entstehen. Ein Charakteristikum der Serie ist der direkte Dialog der Zeichentrickfigur mit ihrem Schöpfer, der in Reaktion nach und nach Elemente der Umgebung zeichnet und verändert. Scurti verwendete im Hintergrund seiner 2-minütigen Episode Grafiken aus der Wirtschaftspresse, die steigende und fallende Kurse darstellen und von ihm zu einer Art ökonomischer Landschaft interpretiert werden. Seine Version der Zeichentrickserie thematisiert Wechselwirkungen zwischen künstlerischer Produktion, Kreativität und Markt und vergleicht Phänomene in Wirtschaft und Kunst. Die Existenz der Figur wird in unmittelbaren Zusammenhang mit wirtschaftlichen Beweggründen gebracht, wobei der Künstler und das Kunsterzeugnis wortwörtlich am gleichen Strang ziehen.

The work of Franck Scurti (born in 1965 in Lyon, lives and works in Paris) is characterized by everyday life. Aspects of the consumer world, of an international, urban lifestyle culture and the associated music scene have an influence on his works. Scurti relates them to the concept of "street credibility," a term from the music industry meant to confirm that rappers are respected and considered credible in the streets, where rap once originated. When the artist draws on individual motifs of everyday life, he also conceptually and consciously adopts the connotations of the term and the socialization connected with the object. His object "Sandwich" (1998), for instance, reproduces the door of a bakery in his neighborhood along with the attached label and the list of accepted credit cards. A further example is the piece "Street Credibility" (1998), for which the artist had his shoes resoled with the motif of the Parisian city map. In the exhibition "On the Metaphor of Growth" at the Kunsthaus Baselland, Scurti shows the video "La Linea" (2002), for which he produced a new episode of the eponymous cartoon series in agreement with its creator, Osvaldo Cavandoli. The animated film consists in a single line from which the figure and its direct environment emerge. The series is characterized by the direct dialog between the cartoon figure and its creator, who reacts by gradually drawing and changing elements of the surroundings. For the background of his two-minute episode, Scurti used graphics from the business press showing rising and falling share prices and which he interprets as a kind of economic landscape. His version of the cartoon series addresses the interplay of artistic production, creativity and the market, comparing phenomena in business and art. The existence of the figure is set in direct relation to economic motives, with the artist and the art product literally pulling in the same direction.

LA LINEA (TRACTATUS LOGICO-ECONOMICUS)
2001
Digital Video
2:15 Min.
Courtesy Galerie Michael Rein, Paris
Fotos: Franck Scurti
© VG Bild-Kunst Bonn

Toronto

1 $ CAN = 0,7117 EUR

Valeurs	Cours	Écart	Volume	Per 1999	Per 2000		
Abitibi-cons	13	+0	317470		15,48	7050	+5,07
Air Canada	12,7	+0	654499	14,94	8,94	1376	-0,29
Alberta Energy	65,55	+0	107696	48,92	29,39	24	-4
Banque Natl. Canada	26,4	+0	301428	11,79	11,09	1310	+1,55
Barrick Gold	25	+0	552772			1037	+0,78
Bce	42,05	+0	1530110	14,5	12,59	3940	+2,6
BCT Telus Comm	41,3	+0	202616			1	+0
Bk Of Montreal	79,2	+0	826830	15,81	14,37	7900	+0
Bk Of Nova Scotia	42,2	+0	1016834	14,4	12,91	1131	+0,18
						560	+0,9
						810	+0,25
						930	-0,11
						580	-0,68
						779	+2,5
						223	+1,36
						110	+0
						6620	-0,75
Cae Inc	22,6	+0	96272	28,61	25,39	12030	+1,09
Cambior Inc	0,41	+0	1753220			490	-1,41
Cameco	24,85	+0	56162	32,7	20,88	500	+5,26
Canadian Pacific	41,7	+0	329577	16,61	13,63	1300	+0
Cascades Inc	6,4	+0	54994	7,11	4,44	2800	-1,75
Cdn Occid Petroleum	34,95	+0	148738	94,46	25,7	336	+0

ENE-LIIS SEMPER

Die estländische Performance- und Videokünstlerin Ene-Liis Semper (geboren 1969, lebt in Tallinn) wurde international bekannt durch ihre Teilnahme an der dritten Manifesta (2000) in Ljubljana. Ihre Videoarbeit „FF/Rew" (1998) wurde damals als provokant empfunden, weil sich die Künstlerin darin als eine Frau darstellt, „die sich durch Erschießen und Erhängen mehrfach umzubringen versucht und durch das ‚Rewind der Handlung' immer wieder ins Leben zurückgerufen wird. Gefangen im Endlos-Loop zwischen Da-Sein und Verschwinden, in einer existentiellen Grauzone, die von Ennui und Lebensüberdruss kündet und statt eines Ausstiegsszenarios nur den Repetitionsmodus im Immergleichen anbietet. Gesellschaftliche Gemütslagen werden in ‚FF/ Rew' sowie in etlichen anderen Arbeiten von Ene-Liis Semper zu Monodramen verdichtet und im Spiegel des Selbst reflektiert." (Hannelore Paflik-Huber)

Der Form des repetitiven Gefangenseins in einem Setting bzw. in einer konstruierten Filmsituation begegnet man in mehreren von Sempers Arbeiten. So kann man die Künstlerin in „Seven" (2002) bei ihren ewig scheiternden Versuchen beobachten, einen sie umgebenden Innenraum zu verlassen und dabei, wie sie – als es ihr schließlich doch noch zu gelingen scheint – durch ‚Rewind' an den Anfang der Handlung zurückgeworfen wird. Der abbildende Videofilm erscheint hier als ein Gefängnis und der eingesetzte Rückspul-Effekt als gewaltsam herbeigeführtes Schicksal des Sysiphus. Es gibt kein Entrinnen und kein Vorankommen in Ene-Liis Sempers Arbeiten, keine Katharsis. Die Geschichte steht eigentlich still, und das Bemühen und Streben des Individuums nach Fortentwicklung wird sich nicht erfüllen.

Ebenso verhält es sich in dem Video „Staircase" (2000). Es zeigt, wie die Künstlerin kopfabwärts und rücklings auf einer Treppe liegend sich langsam und mühselig mit den Füßen nach oben ziehen zu wollen scheint, eine ungewöhnliche und offenbar sehr anstrengende Situation: Nicht nur muss die Protagonistin der Schwerkraft ihres eigenen Körpers rücklings widerstehen, darüber hinaus scheinen sich – durch den sich wandelnden Kamera-Horizont – auch das An- bzw. Absteigende der Treppe permanent in ihr Gegenteil zu verändern. Es ist ein Bild wie aus einem bösen, nicht enden wollenden Traum. Die seltsame Anmutung entsteht dadurch, dass das Video chronologisch rückwärts läuft, die Künstlerin also dabei gefilmt wurde, wie sie auf dem Rücken liegend die Treppen hinunterkrabbelte. Das Zitieren von Marcel Duchamps „Nu descendant un Escalier" (1912) ist hier offenkundig. Bei Ene-Liis Semper dient es dazu, eine Allegorie auf den mühsamen Weg des Subjekts zu entwerfen, bei dem offen bleibt, ob es sich um ein Aufsteigen oder ein Absteigen handelt. Mit minimalen Mitteln und einem einfachen medienspezifischen Trick zeichnet „Staircase" ein wirkungsvolles Bild vom Streben des Individuums, voranzukommen, ein Hindernis zu überwinden und ein Ziel zu erreichen, das selbst aber irrelevant zu sein scheint. Denn auch die in „Staircase" fokussierte Situation befindet sich in einem Loop.

STAIRCASE
2000
DVD, schwarz-weiß, Ton /
DVD, black and white, sound
5:00 Min.
Courtesy Galerie Martin Janda, Wien

The Estonian performance and video artist Ene-Liis Semper (born in 1969, lives in Tallinn) became internationally known through her participation in the third Manifesta (2000) in Ljubljana. Her video piece, "FF/Rew" (1998), was regarded as provocative at the time, because the artist presents herself as a woman "who repeatedly attempts to shoot or hang herself and through the 'rewind of the plot' is brought back to life time and again. Caught in the endless loop between being and disappearance, in an existential gray zone that bears witness to ennui and weariness of life and, instead of offering an escape scenario, only shows the repetitive mode of the ever-same. In 'FF/ Rew' as well as in many other works of Ene-Liis Semper, social moods are condensed to monodramas and reflected in the mirror of the self." (Hannelore Paflik-Huber)

One can encounter the mode of being repetitively captured in a setting or constructed film situation in several of Semper's works. In "Seven" (2002), for example, one sees the artist in her forever failing attempts to leave an interior space surrounding her and how—after seeming to finally succeed—she is thrown back to the beginning of it all by a 'rewind.' Here, the depicting video film appears as a prison, and the applied rewind effect as the violently brought-about fate of Sisyphus. There is no escape and no progress to be made in Ene-Liis Semper's works, there is no catharsis. History actually comes to a halt, and the individual's efforts and striving for progress are not fulfilled.

The same is true of the video "Staircase" (2000). It shows the artist lying on her back on a flight of stairs with her head pointed downwards. She appears to be drawing herself slowly and arduously upwards with her feet, an unusual and, obviously, very strenuous situation: Not only must the protagonist who is lying on her back resist gravity, the changing camera horizon also seems to permanently reverse the upward and downward direction of the stairs. It's like an image from a bad, never-ending dream. The strange impression is created by the video running in reverse; the artist was filmed crawling down the stairs on her back. The work evidently cites Marcel Duchamp's "Nu descendant un Escalier" (1912), which serves Ene-Liis Semper to conceive an allegory of the arduous path of the subject, although it remains open whether it is an ascent or descent. With minimal means and a simple, media-specific trick, "Staircase" draws an impressive picture of the individual's striving for progress, to overcome obstacles and achieve a goal which, however, seems to be irrelevant—for the situation that "Staircase" focuses on is also caught in a loop.

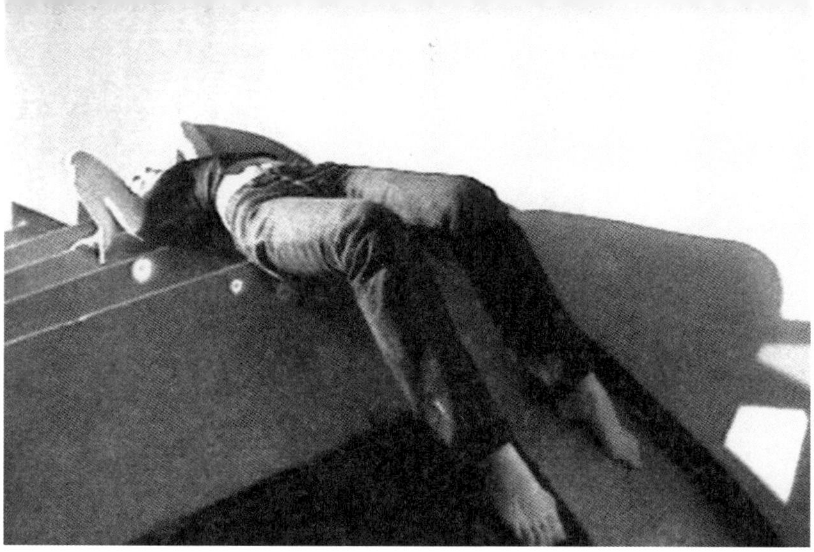
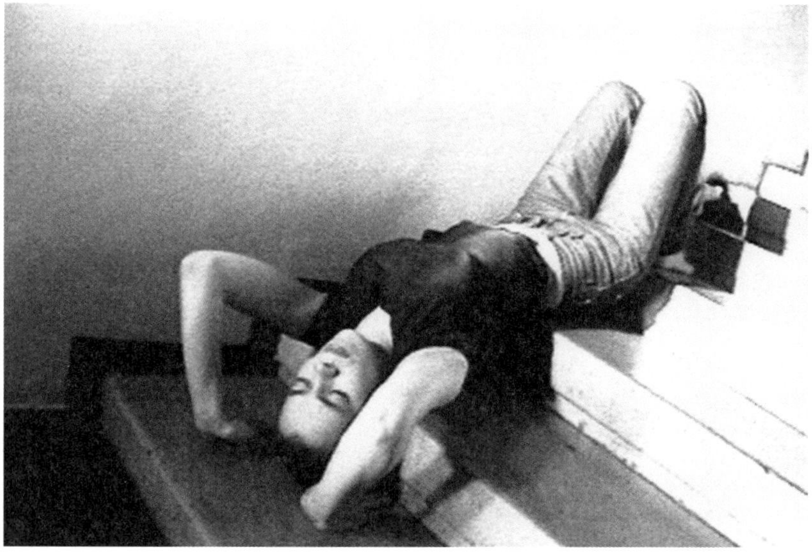
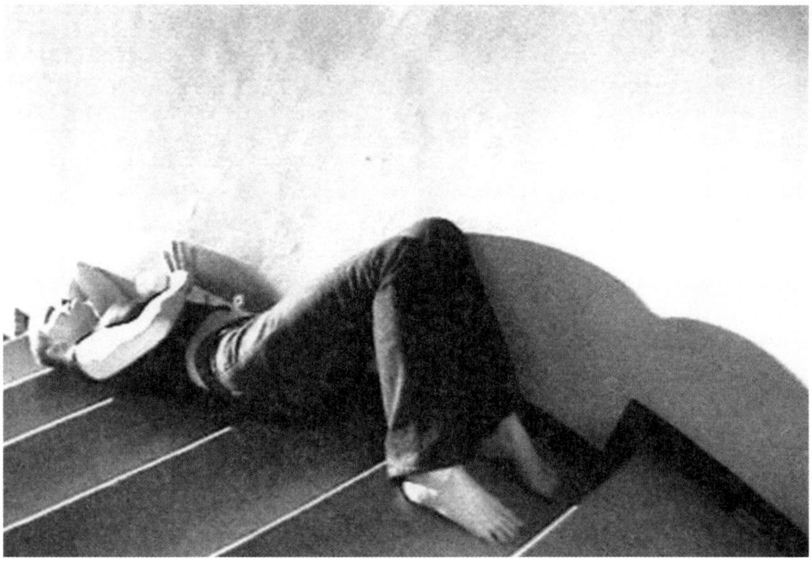
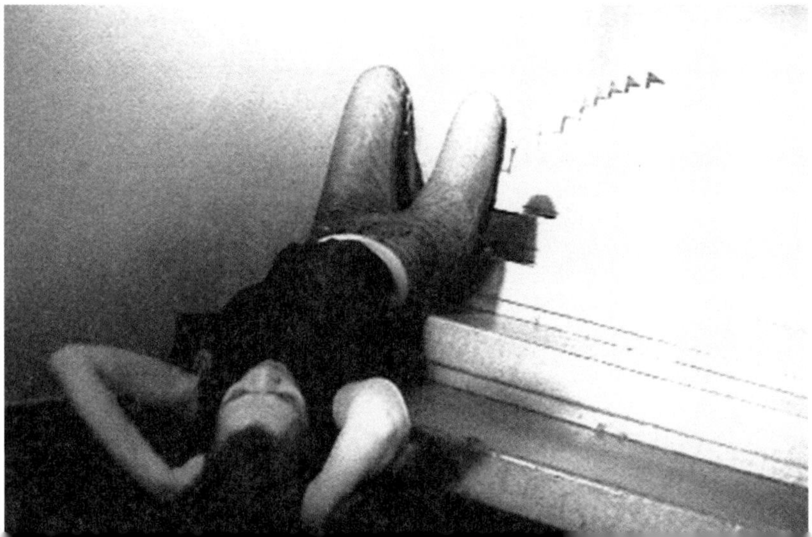

GERDA STEINER & JÖRG LENZLINGER

Die Installationen von Gerda Steiner & Jörg Lenzlinger (geboren 1967/1964 in der Schweiz, leben in Langenbruck bei Basel) scheinen auf den ersten Blick die Unvorhersehbarkeit und Unkontrollierbarkeit von Wachstum zu feiern. Oft handelt es sich dabei um wild wuchernde Assemblagen aus technischen und organischen Materialien, die ganze Räume einnehmen und ein Dickicht von Bezügen herstellen. So bestand ihre schwebende Decken- und Rauminstallation „Brainforest" (2004) aus einer Unmenge an natürlichen und künstlichen Materialien, die derart zu einem fragilen Netz zusammengefügt wurden, dass dies Ähnlichkeit mit dem Adernetz des Gehirns hatte.

Im Kunstverein Hannover zeigen Steiner & Lenzlinger mit der Installation „The Conference" (2010) eine Situation, die die Ambivalenz der Metapher des Wachstums auf den Punkt bringt. Auf einem Konferenztisch in der Mitte eines schwarzen Raumes befinden sich Laptops, Kalender, Handys und Kaffeetassen, was den Eindruck entstehen lässt, als hätten zuvor anwesende Teilnehmer soeben fluchtartig eine Sitzung verlassen. Kristalle in grellem Pink überwuchern die Hinterlassenschaften. Faszination und Bedrohung gehen in dem Setting eine kaum zu trennende Verbindung ein. Die künstliche Wucherung der Kunstdünger-Kristallisation als direkte Konsequenz undurchsichtiger Geschäftstätigkeiten? Die paradoxe Ästhetik eines Untergangsszenarios?

Die im Ausstellungsteil in Frankfurt präsentierte Arbeit des Künstlerduos ist das Resultat einer tatsächlich unternommenen Reise durch Afrika, während derer die „Samensammlung aus Mali" (2003) zusammengetragen wurde. Sie besteht aus etwa 100 verschiedenen Kleinmengen pflanzlicher Kerne, Körner und Flocken, die hierzulande kaum bekannt sind. Es handelt sich um Samen von Pflanzen, die durch Wind, Wetter und Tiere verbreitet werden und so neues Wachstum hervorbringen. Für den Transport wurden die Samen von Steiner & Lenzlinger in Papier eingewickelt. Dieses ist in Mali knapp, so kam alles in Frage, was für diesen Zweck zur Hand war: Hotelrechnungen, Einkaufsquittungen, ausgerissene Zeitungs- und Buchseiten, Verpackungsmaterial, Bedienungsanleitungen, Stadtpläne, Notizzettel etc. Ausgebreitet auf einem Tisch vor Ort porträtiert die „Samensammlung aus Mali" sowohl die dortige Flora als auch das Alltagsleben von Mali. Die gefundenen Samen und Schriftstücke sind Informationsträger und erzählen von biologischen und gesellschaftlichen Vernetzungen, die nach Europa exportiert wurden – möglicherweise, um dort zu sprießen und Vermischungen mit heimischen Informationsträgern auszulösen. Im Frankfurter Kunstverein wird diese Tisch-Arbeit vor einer von Steiner & Lenzlinger gestalteten Endlostapete präsentiert, die ihrerseits die Unendlichkeit biologischer Vernetzungen zu feiern scheint.

At first sight, the installations of Gerda Steiner & Jörg Lenzlinger (born 1967/1964 in Switzerland, living in Langenbruck near Basel) seem to celebrate the unpredictability and uncontrollability of growth. Their works are often wild assemblages of technical and organic materials that fill entire spaces and establish a maze of references. For example, their ceiling and space installation "Brainforest" (2004) was composed of a huge amount of natural and artificial materials that were connected to a fragile network resembling the interconnected blood vessels of the brain.

With the installation "The Conference" (2010) at the Kunstverein Hannover, Steiner & Lenzlinger present a situation that gets to the heart of the ambivalence inherent to the metaphor of growth. On a conference table at the center of a black room, one sees laptops, calendars, cell phones and coffee cups—as if previously present participants had fled a meeting. Garish pink crystals cover the remains. Fascination and threat are inextricably combined in this setting. The artificial proliferation of chemical fertilizer crystallization as a direct consequence of devious business activities? The paradoxical aesthetic of a scenario of doom?

The part of the duo's exhibition presented in Frankfurt results from a real trip to Africa, during which the "Samensammlung aus Mali" (Seed Collection from Mali) (2003) was gathered. It consists of around 100 small amounts of different plant seeds, grains and flakes that are hardly known in Germany, seeds that are disseminated by wind, weather and animals and thus engender new growth. To transport them Steiner & Lenzlinger wrapped them in paper, a scarce commodity in Mali. So anything on hand came in question: hotel bills, receipts, pages torn from newspapers and books, packaging material, pages from instruction guides, city maps, notebook sheets etc. Spread out on a table, the "Samensammlung aus Mali" portrays both the local flora and everyday life in Mali. The found seeds and documents convey information and tell of biological and societal networks exported to Europe— possibly to spring up here and trigger mixtures with local information carriers. At the Frankfurter Kunstverein, this table piece will be presented in front of an endless wallpaper designed by Steiner & Lenzlinger which, in turn, appears to celebrate the endlessness of biological networks.

SEVILLA 2
2005
Tapete / Wallpaper
122,5 x 90,2 cm
Courtesy STAMPA Basel

SAMENSAMMLUNG AUS MALI
2003
Pflanzensamen, Papier, Tisch /
Botanical seeds, paper, table
Courtesy die Künstler

SAVARINE®
Composition qualitative et quantitative
Mises en garde spéciales
Forme pharmaceutique
Classe pharmaco-thérapeutique
Exploitant
DANS QUELS CAS UTILISER CE MEDICAMENT
Précautions d'emploi
Interactions médicamenteuses et autres
ATTENTION!
Dans quels cas ne pas utiliser ce médicament
Grossesse - Allaitement
INTERCOOPERATION
REPRÉSENTATION AU MALI
PROGRAMME GDRN
Nom :
Prénoms :
Age :
Demande d'examen
Cabinet Médical
Résultats

THE CONFERENCE
2010
Installation
2 Tische, alte Computer, Kristalle, Diverses /
2 desks, old computers, crystals, miscellaneous
Detailaufnahme
Courtesy STAMPA, Basel

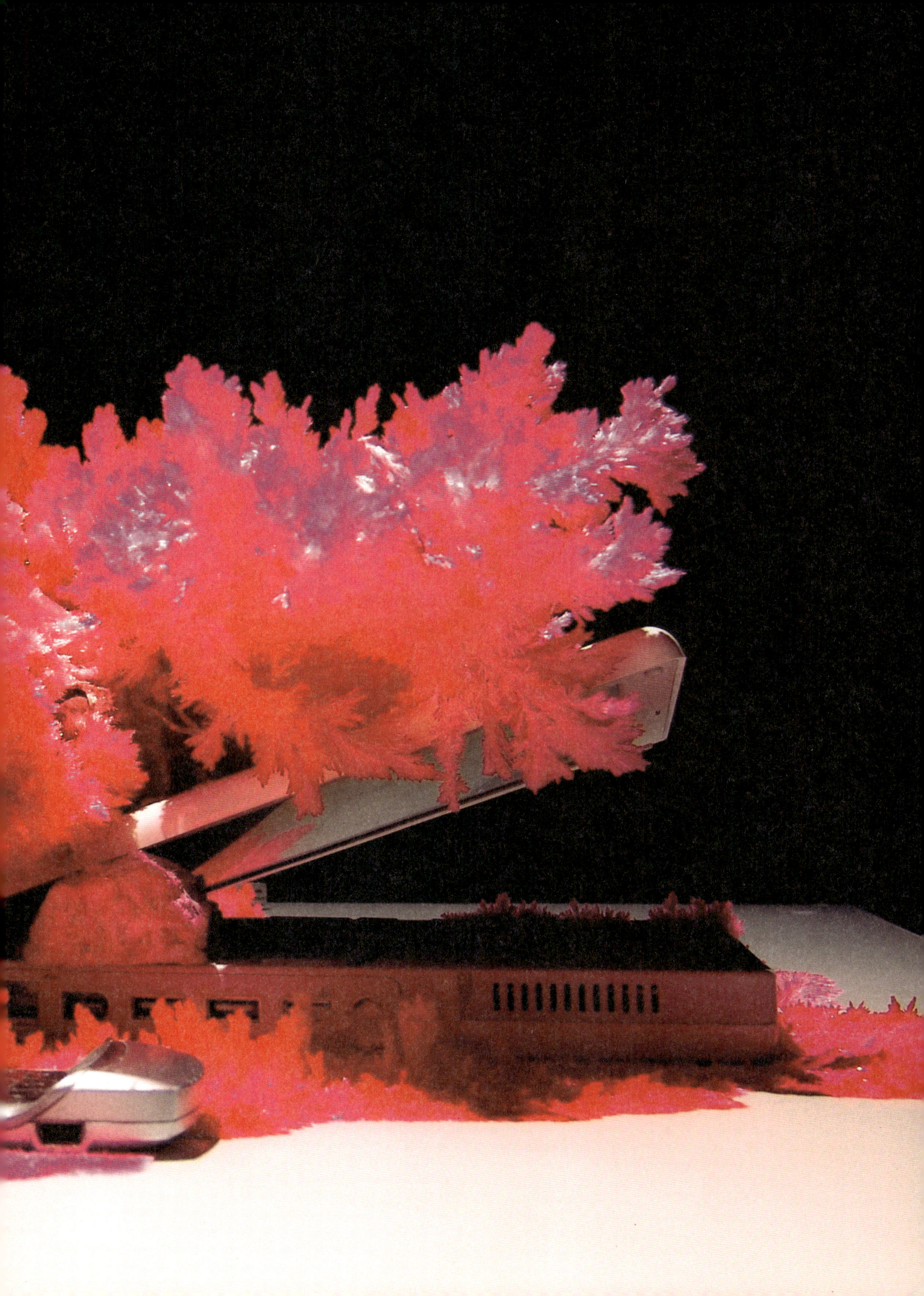

SUPERFLEX

Die dänische Künstlergruppe Superflex besteht aus den Künstlern Rasmus Nielsen (geboren 1969), Jakob Fenger (geboren 1968) und Bjørnstjerne Christiansen (geboren 1969) und wurde 1993 in Kopenhagen gegründet. „Superflex" fungiert für die vielfältigen Aktivitäten der Künstler als Label, unter dem sie Strategien ökonomischen Handelns aufgreifen, wie die Entwicklung von Markenidentität und Wertschöpfungsprozesse. Superflex tritt gleichsam als offene Interessengruppe, als firmenähnliche Organisation oder als Urheber künstlerisch konzeptueller Projekte und Filme auf. Mit ihren Projekten versuchen die drei Künstler, ökonomische, politische oder soziale Machtverhältnisse abzubilden und konkrete Maßnahmen, sogenannte „Tools", zu entwickeln, mit denen in spezifische gesellschaftliche Zusammenhänge eingegriffen werden kann. So entwickelten sie mit „Supergas" (1998) einen Biogasanlagetyp, der unter Mitwirkung von afrikanischen und dänischen Ingenieuren in Asien und installiert wurde. Ein anderes Superflex-Tool ist „Superchannel" (1998/1999) eine Internetplattform zur Verbreitung eigener Videoproduktionen. Die Bezeichnung „Tool" betont das Interesse von Superflex an Partizipation und Selbstermächtigung. Sämtliche entwickelten „Tools" sind zur Übernahme, praktischen Anwendung und Modifikation für unterschiedliche Gesellschaftsgruppen oder Institutionen gedacht und freigegeben.

Entgegen den konkret aus sozialen Strukturen entwickelten Projekten und „Tools" haben die Filme von Superflex eher metaphorischen Charakter. „Flooded McDonald's" (2008) wurde in einer originalgetreu nachgebauten McDonald's-Filiale gedreht und zeigt, wie sich das menschenleere Fastfood-Restaurant aus unerklärlichen Gründen mit Wasser füllt und langsam in den Fluten versinkt. In fast selbstverständlicher Ruhe schwimmen Pappbecher, Stühle oder die Figur des Ronald McDonald's-Clowns davon. Der inszenierte Untergang einer Marke, die für Wohlstand, Überfluss und globale Expansion steht, weckt nicht nur Assoziationen zu verschiedenen Naturkatastrophen der jüngsten Vergangenheit. Parallelen finden sich auch zu dem bereits in der Einleitung dieser Publikation erwähnten Märchen des süßen Breis der Gebrüder Grimm und dem Untergang der Ölplattform „Deepwater Horizon" im Jahr 2010. Im Märchen drohte der Brei, der sich auf Befehl wundersam vermehrte und die Familie auf ewig zu ernähren versprach, plötzlich außer Kontrolle zu geraten und die ganze Stadt zu ersticken. Ein Märchen, das durch das Wohlstand bringende und unbändig sprudelnde Erdöl zu einer erschreckenden Realität geworden ist und mit „Flooded McDonald's" eine zeitgenössische Interpretation erfährt.

FLOODED MCDONALD'S
2008
RED Videoprojektion
21 Min.
Videostills

The Danish artists' group Superflex, founded in Copenhagen in 1993, consists of the artists Rasmus Nielsen (born in 1969), Jakob Fenger (born in 1968) and Bjørnstjerne Christiansen (born in 1969). "Superflex" is the label designating a wide range of the artists' activities that address strategies of economic action, e.g., the development of brand identities and value-creation processes. Superflex simultaneously appears as an open interest group, a company-like organization or a creator of artistic, conceptual projects and films. With their projects, the three artists seek to depict economic, political or social power relations and develop concrete measures—so-called "tools"—with which they can intervene in specific societal contexts. "Supergas" (1998), for example, is a type of methane gas plant that they developed and installed in Asia in collaboration with African and Danish engineers. Another Superflex tool is "Superchannel" (1998/1999), an Internet platform to disseminate their own video productions. The term "tool" emphasizes Superflex's interest in participation and self-empowerment. All developed "tools" are conceived for and made available to various social groups or institutions to be practically applied and modified.

In contrast to the projects and "tools" developed in concrete social structures, the films of Superflex possess a more metaphoric characteric. "Flooded McDonald's" (2008) was shot in a faithfully built copy of a McDonald's branch and shows how the empty fast food restaurant is inexplicably filled with water and gradually submerged. In almost natural calm, paper cups, chairs and the figure of the Ronald McDonald's clown drift away. The staged sinking of a brand that stands for prosperity, affluence and global expansion not only triggers associations with recent natural disasters; there are also parallels to the fairy tale Sweet Porridge by the Brothers Grimm, mentioned in the introduction of this publication, and the sinking of the oil-rig "Deepwater Horizon" in 2010. In the fairy tale, the porridge that one could order to miraculously increase and that promised to nourish the family forever threatens to get out of control and suffocate the entire city. A fairy tale that has turned into a frightening reality through the wealth-bringing and uncontrollably gushing oil—and that has found a contemporary interpretation in "Flooded McDonald's."

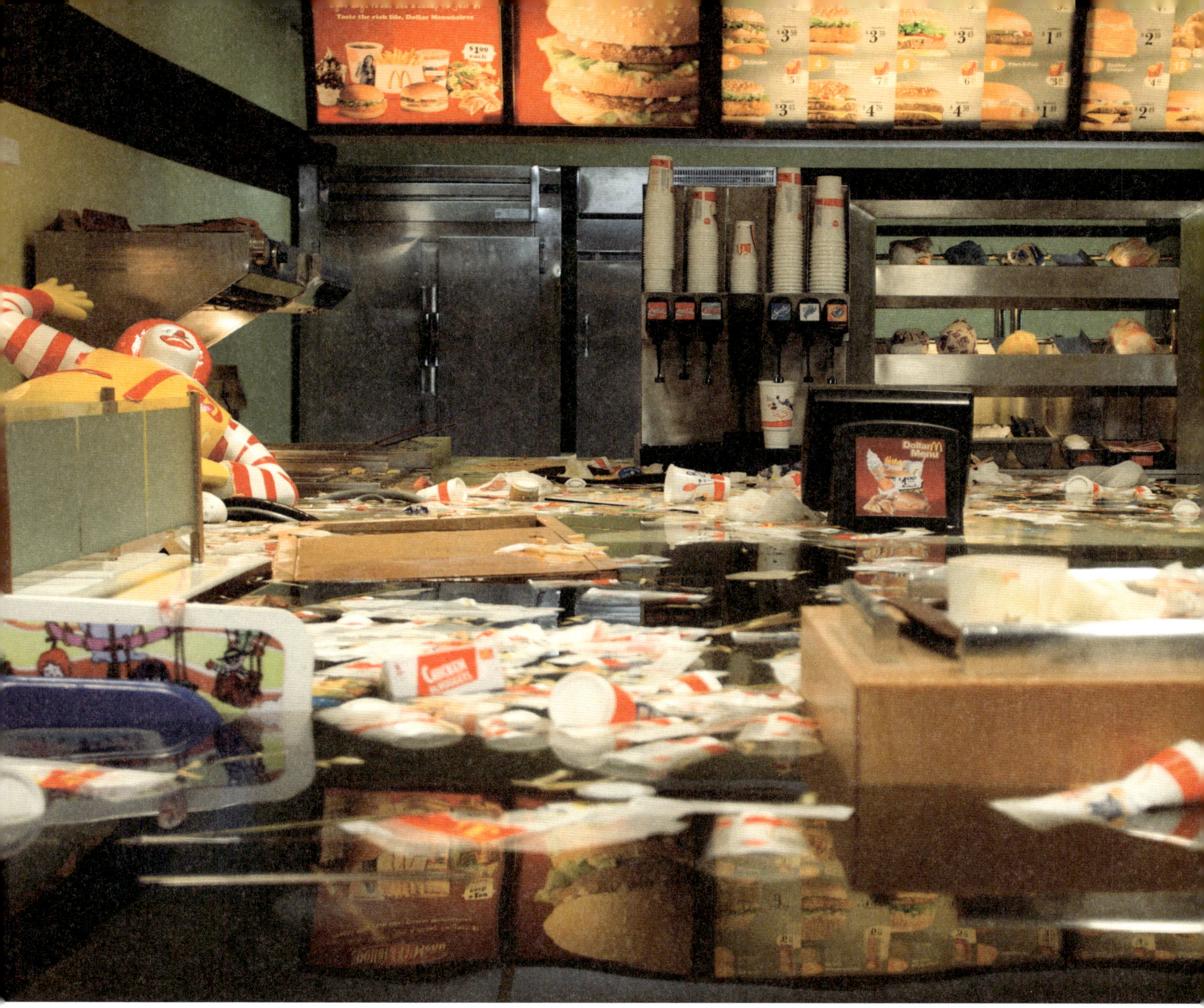
Dollar Menu
Chicken McNuggets

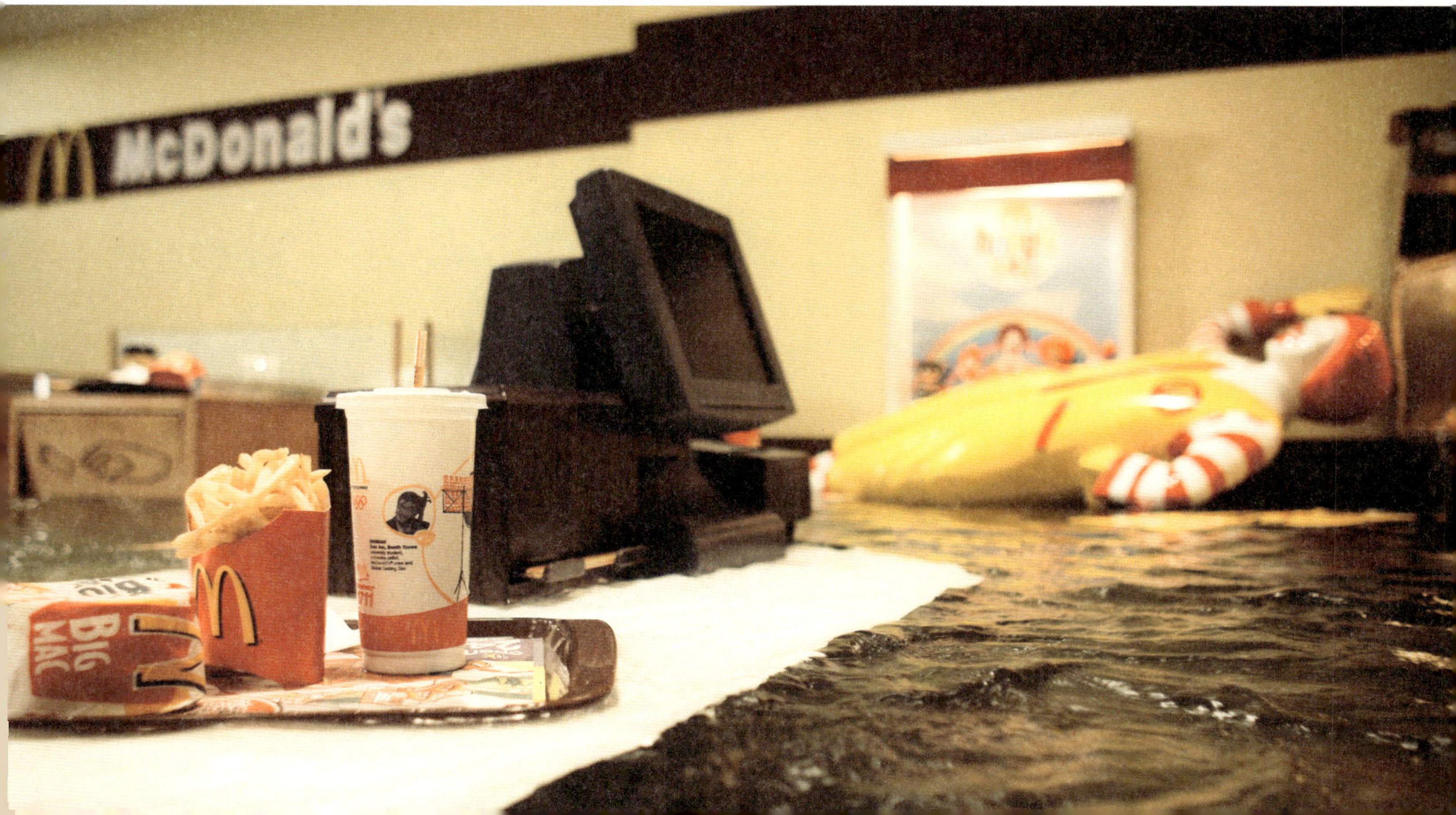
McDonald's
Big Mac

RACHEL SUSSMAN

Rachel Sussman (geboren 1975, wuchs in Baltimore, Santa Fe und Costa Rica auf, lebt in New York) fotografiert in einer fortlaufenden Serie „Die ältesten Lebewesen der Welt". Mit der Fotodokumentation bewegt sich Sussman, die Fotografie in New York und London studierte, zwischen Wissenschaft und Bildender Kunst. Bisher gibt es keine vollständige Katalogisierung der ältesten Wachstumsprozesse auf der Welt. So datiert und lokalisiert Sussman gemeinsam mit Evolutionsbiologen, Mykologen oder Dendrochronologen Pflanzen, Bakterien und Korallen aus der gesamten Welt, die mindestens 2000 Jahre alt sind und ununterbrochen am Leben waren. Die fotografischen Ergebnisse der Fotoserie, von der 26 Bilder im Kunstverein Hannover gezeigt werden, umfassen beispielsweise den erst vor wenigen Jahren entdeckten ältesten Baum der Erde, die 9555 Jahre alte schwedische Fichte „Spruce Gran Picea". Anders als bei dieser eher unscheinbaren Fichte sieht man dem „nur" 2000 Jahre alten Baum „Sagole Baobab" aus Südafrika das majestätische Alter durchaus an. Und überaus fremdartig wirkt die amorph hügelige Form der Llareta, einer extrem langsam wachsenden Wüstenpflanze aus den Anden. Trotz eines radialen Wachstums von nur 1,4 Millimetern pro Jahr erreichte die bis 3000 Jahre alte Pflanze eine Flächenausdehnung von 35 Quadratmetern.

Neben der ästhetischen Qualität der Naturbilder bietet Sussman auch einen Blick auf die unvorstellbaren geologischen und biologischen Zeiträume der Entwicklung der Erde und spannt einen Bogen von der Gegenwart zu den kaum imaginierbaren Anfängen der Welt.

In an ongoing series, Rachel Sussman (born in 1975, grew up in Baltimore, Santa Fe and Costa Rica, lives in New York) photographs "The Oldest Living Things in the World." With her photo documentation, Sussman, who studied photography in New York and London, maneuvers between science and fine art. Until today, there is no complete catalogue of the oldest growth processes in the world. Sussman, in collaboration with evolutionary biologists, mycologists and dendrochronology experts, dates and localizes plants, bacteria and corals from around the globe that have existed for at least 2,000 years. The photographic results of the photo series, of which 26 are on view at the Kunstverein Hannover, include the oldest tree on earth, discovered just a few years ago: the 9,555-year-old Swedish "Spruce Gran Picea." In contrast to this rather inconspicuous spruce, one can tell the majestic age of the "just" 2,000-year-old "Sagole Baobab" tree from South Africa. And the amorphously undulating shape of the Llareta, an extremely slow-growing desert plant from the Andes, appears quite alien. Despite a radial growth of merely 1.4 millimeters per year, the up to 3,000-year old plant has a surface dimension of 35 square meters.

In addition to the aesthetic quality of the nature pictures, Sussman also offers a view of the inconceivable geological and biological periods of time in the development of the earth and connects the present to the hardly imaginable beginnings of the world.

WELWITSCHIA MIRABILIS #0707–22411
(2,000 years old; Namib Naukluft Desert, Namibia)
2007
aus: THE OLDEST LIVING THINGS IN THE WORLD
Pigment Prints (fortlaufende Serie)
33 x 38 cm

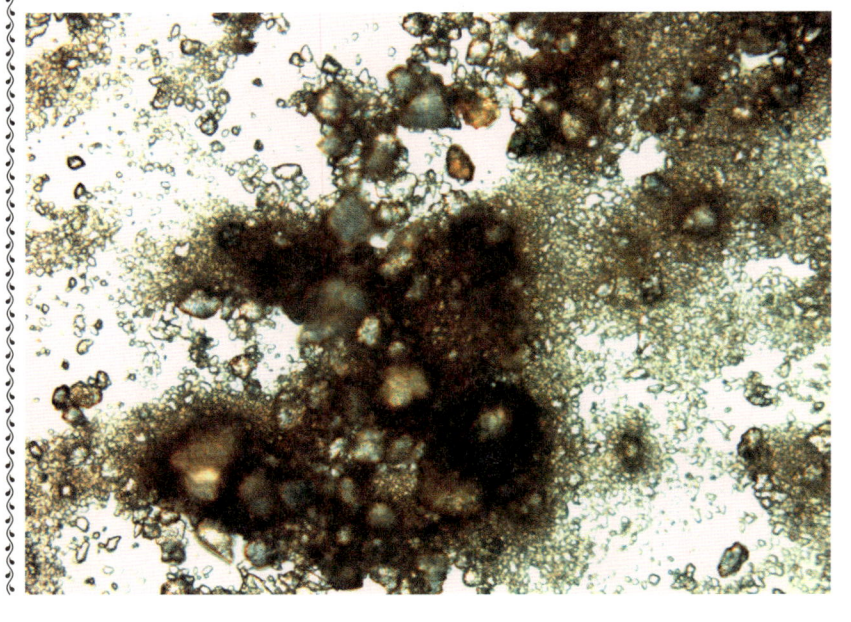

SAGOLE BAOBAB #0707–1086
(2,000 years old; Limpopo Province,
South Africa)
2007
aus: THE OLDEST LIVING THINGS IN
THE WORLD
Pigment Prints (fortlaufende Serie)
33 x 38 cm

WELWITSCHIA MIRABILIS
#0707-22411 (2,000 YEARS OLD;
NAMIB NAUKLUFT DESERT,
NAMIBIA), 2007
aus: THE OLDEST LIVING
THINGS IN THE WORLD
Pigment Prints (fortlaufende Serie)
33 x 38 cmm

BRAIN CORAL # 0210-4501
*(2,000 years old; Speyside,
Tobago)*, 2010
aus: THE OLDEST LIVING THINGS
IN THE WORLD
Pigment Prints (fortlaufende Serie)
33 x 38 cm

SPRUCE GRAN PICEA #0909–6B37
(9,500 years old; Fulufjället, Sweden),
2009
aus: THE OLDEST LIVING THINGS
IN THE WORLD
Pigment Prints (fortlaufende Serie)
33 x 38 cm

LA LLARETA #0308–23B26
(Up to 3,000 years old; Atacama Desert,
Chile), 2008
aus: THE OLDEST LIVING
THINGS IN THE WORLD
Pigment Prints (fortlaufende Serie)
33 x 38 cm

LOIS WEINBERGER

Lois Weinberger (geboren 1947 in Stams/A, lebt in Wien) „arbeitet (…) an einem poetisch-politischen Netzwerk, welches den Blick auf Randzonen lenkt und Hierarchien unterschiedlicher Art in Frage stellt. Er versteht sich als Feldarbeiter und beginnt in den 1970er Jahren mit ethnopoetischen Arbeiten, welche die Basis bilden für die seit Jahrzehnten entwickelte künstlerische Auseinandersetzung mit dem Natur- und Zivilisationsraum. Ruderal-Pflanzen – ‚Unkraut' – die alle Bereiche unseres Lebens tangieren, sind Ausgangs- und Orientierungspunkt für Notizen, Zeichnungen, Fotos, Objekte, Texte, Filme und Arbeiten im öffentlichen Raum."[1]

Seine Installation im Kunsthaus Basselland im Rahmen der Ausstellung „Über die Metapher des Wachstums" greift auf einen frühen Entwurf aus dem Jahr 1991 zurück. Für den Wettbewerb „Kunst & Raum St. Pölten (Regierungsviertel)" konzipierte Weinberger einen Stahlkäfig, der im Außenraum einen Freiraum für ein unbeschränktes Wachstum von Pflanzen absteckt. Diese „Ruderaleinfriedung" war ursprünglich für verschiedene Orte, sowohl im Landschafts- als auch im städtischen Raum, gedacht. „Wild Cube – Ruderaleinfriedung" (2010), so der Titel der Installation im Kunsthaus Basselland, umfasst drei Stahlkäfige, Zeichnungen, Skizzen und Fotografien rund um diese Konzeption, die sieben Jahre nach dem Wettbewerbsentwurf 1998/99 als 40 m langer Gitterkäfig an der Neuen Sozial- und Wirtschaftsuniversität in Innsbruck realisiert wurde. Die durchlässige Vergitterung lässt Pflanzensamen ins Innere ebenso wie von dort ins Äußere. Innerhalb der Einfriedung kann wachsen, was immer seinen Weg dorthin findet. „Die Gärten von Lois Weinberger, in denen Pflanzen und Erde weitgehend sich selbst überlassen und Unkraut umgewertet wird, in denen sich das Grün migriert und Neophyten Freigang haben, erscheinen vor diesem Hintergrund fast schon visionär. Sie sind radikaler Vorreiter und paradigmatisches Bespiel für neuere parasitäre und symbiotische Strategien im Umgang mit Natur." (Susanne Witzgall)

Das Sichtbare – die Vergitterung – ist als Einfriedung gedacht / für einen Raum / entstanden aus einer präzisen Achtlosigkeit dem gegenüber / was allgemein als Natur bezeichnet wird. Im Weiteren und Eigentlichen eine Arbeit über das Werden und Vergehen – hin zu unserer unsichtbaren Natur / der Natur des Geistes. Brachen / Peripherien / die unsere Urbanisierungsanstrengungen vor sich her schieben / sind Gärten / in denen sich die Grenzenm als Weiterführendes – Bewegtes – Unsicheres zeigen.

Belassene Gärten der Vielfalt entsprechen heutigen Dringlichkeiten / dem Bemerken von Zäsuren / Verbindungen und ihren Vibrationen / den Garten als Zeichen des freiwilligen Verzichts / der Gelassenheit / des Nichteingreifens zu sehen. Und doch eine Second Hand Natur – in dem Ausmaß unserer Annäherung an die Natur / entschwindet sie.

So wird die Aufforstung dem Wind / den Vögeln / den ohnehin in der Erde befindlichen Samen überlassen bleiben – Spontanvegetation – eine Lücke im urbanen Raum – WILD CUBE. (Lois Weinberger)

1. Eigendarstellung von Weinberger auf www.loisweinberger.net

Lois Weinberger (born in 1947 in Stams/A, lives in Vienna) "is working on a network, devoting his attention to peripheral areas and questioning all sorts of hierarchies. He sees himself as a field worker and started in the early 1970s with ethnopoetical works, which are the basis for an artistic debate—developed over some decades—concerning standard social behavior in both natural space and that of civilization. Ruderal plants involved in all areas of life, are initial and orientation point for notes, drawings, photographs, objects, texts, films as well as big projects in public space."[1]

His installation at the Kunsthaus Basselland within the framework of the show "On the Metaphor of Growth," takes up an early draft from the year 1991. For the competition "Kunst & Raum St. Pölten (government sector)," Weinberger conceived a steel cage marking a free space outdoors for the uninhibited growth of plants. This "ruderal enclosure" was originally intended for various locations both in landscapes and urban space. "Wild Cube – Ruderaleinfriedung" (2010), the title of the installation at the Kunsthaus Basselland, consists of three steel cages, drawings, sketches and photographs having to do with this concept, which was realized seven years after the competition draft in 1998/99 as a 40-meter-long cage with steel bars at the Neue Sozial- und Wirtschaftsuniversität in Innsbruck. The permeable grating allows plant seeds to both enter and leave the enclosure, inside which whatever lands there can grow. "Against this background, the gardens of Lois Weinberger, in which plants and the ground are to a large extent left to themselves and weeds are revaluated, in which the green migrates and neophytes are out on parole, appear almost visionary. They are the radical forerunners and a paradigmatic example of more recent parasitic and symbiotic strategies in dealing with nature." (Susanne Witzgall)

What is visible—the grating—is conceived as an enclosure / for a space / created out of a precise carelessness toward / what is generally called nature. Furthermore and essentially it is a work about becoming and fading—all the way to our invisible nature / the nature of the mind.

Fallows / peripheries / that our urbanization efforts push ahead of themselves / are gardens / in which the borders show themselves as something that leads on— that moves—that is insecure.

Gardens of variety left to themselves correspond with present-day urgencies / the noticing of breaks / connections and their vibrations / to see the garden as a sign of voluntary abandonment / of composure / of non-intervention. And yet a second hand nature all the same— the extent to which we approach nature / it vanishes.

Hence, reforestation will be left to the wind / the birds / the seeds that are in the earth anyway—spontaneous vegetation—a gap in urban space—WILD CUBE. (Lois Weinberger)

1. Self-presentation of Weinberger at www.loisweinberger.net

WILD CUBE –
RUDERALEINFRIEDUNG GARTEN
– EINE POETISCHE FELDARBEIT
1998/99
Rippentorstahl, Spontanvegetation /
Steel gate, vegetation
400 x 400 x 4000 cm
Neue Sozial- und Wirtschafts-
Universität Innsbruck, Architekten:
henke & schreieck, Wien
Entwurf 1991/92
Wettbewerbsbeitrag für
„Kunst & Raum St. Pölten"
Regierungsviertel
Courtesy der Künstler
Fotos: Gerbert Weinberger
und Paris Tsitsos

ANDREAS ZYBACH

Andreas Zybach (geboren 1975 in Olten, lebt und arbeitet in Berlin) setzt sich in seinen Arbeiten vielfach mit Fragestellungen aus den Forschungsbereichen der Technik, Biologie oder Architektur auseinander. Die Beobachtungen und Untersuchungen dieser Wissenschaften überführt Zybach in konzeptuelle Überlegungen der Kunst, die einen Bogen zu aktuellen, gesellschaftspolitischen Themen spannen. So dient ein aus den 1960er Jahren stammendes Konzept der Nasa für den Bau einer Raumstation als Ausgangsbasis für die Arbeit „Rotating Space" (2004). Raumfahrtforscher wie u. a. Wernher von Braun unternahmen Versuche, eine künstliche Schwerkraft zu erzeugen, die ähnliche Bedingungen wie auf der Erde herstellen sollte. Dafür entwickelten die Forscher eine ringförmige Raumstation, die durch ihre Rotationsbewegung im Inneren die nötige Schwerkraft produzierte. Vergleichbar mit Gewächshäusern und botanischen Gärten, in denen ebenfalls eine kontrollierte Umwelt erzeugt wird, versucht Zybach, in seiner Installation aus Stahl, Erde, Wasser und Pflanzensamen die beiden Ansätze zusammenzuführen. Sein rotierender Nachbau der Raumfahrtforschung verweist neben dem tatsächlichen pflanzlichen Wachstum in seinem Inneren allerdings auch auf die anhaltende menschliche Vision, den Lebensraum auf der Erde unbegrenzt erweitern zu können.

Ein räumlich architektonisches Wachstum thematisiert die in einer ersten Umsetzung im Jahre 2003 realisierte Installation „Ohne Titel (Architekturmodell)", die für die Ausstellung im Kunsthaus Baselland eine ortsspezifische und inhaltliche Erweiterung erfährt. Papierbögen, die im Querformat mit Handlungsaufforderungen bedruckt sind, werden von einem Papierschredder in Leserichtung zerschnitten. Damit unterläuft Zybach die eigentliche Funktion des Schredderns: Die Maschine zerschneidet die Informationen nicht mehr bis zur Unkenntlichkeit, sondern separiert fein säuberlich Zeile für Zeile. Hebt der Rezipient einen Papierstreifen von dem im Laufe des zeituhrgesteuerten Schredderprozesses anwachsenden Haufen auf, wird er mit Sätzen wie „Bitte mitnehmen", „Bitte zerreißen", „Werfen Sie den Inhalt Ihrer Taschen auf den Boden" oder „Bitte verlassen Sie den Raum" konfrontiert. Andreas Zybach fügt seiner Arbeit damit eine kommunikative Ebene hinzu, auf der verschiedene Mini-Performances initiiert werden. Dazu Zybach: „Es ist der Versuch einer Auseinandersetzung mit sozialen Fragen wie Autorität und Autonomie – auch im Zusammenhang mit der Produktion von Kunstwerken. Finden sich genügend Interessierte für eine Idee bzw. ein Problem, folgt daraus oft eine räumliche Umsetzung. Teils um die Unterschiedlichkeit dieser Gemeinschaft nach außen hin architektonisch darzustellen, teils um das oder die zu lösenden Probleme zu verstecken."

Andreas Zybach (born in 1975 in Olten/CH, lives and works in Berlin) frequently addresses issues from the area of research in technology, biology or architecture in his works. Zybach transfers the observations and studies of these sciences to conceptual artistic considerations that range all the way to current sociopolitical themes. For example, a NASA concept for the construction of a space station from the 1960s serves as the starting point of the work "Rotating Space" (2004). Researchers in astronautics such as Wernher von Braun made attempts to create artificial gravity to establish conditions similar to those on earth. To this end, the researchers developed a circular space station that produced the required gravity through internal rotation. In a way comparable with greenhouses and botanical gardens, in which a controlled environment is also produced, Zybach seeks to combine the two approaches in his installation of steel, soil, water and plant seeds. On the inside, his rotating reconstruction taken from space travel research refers not only to the actual growth of plants but also to the lasting human vision of being able to limitlessly expand mankind's habitat on earth.

The installation "Ohne Titel (Architekturmodell)," first realized in 2003, addresses spatial, architectural growth. For the exhibition at the Kunsthaus Baselland it is expanded in a site-specific and content-related manner. Sheets of paper in landscape format on which calls for action are printed are cut up in reading direction by a paper shredder. Zybach thus undermines the actual function of a shredder: The machine doesn't cut up the information until it can no longer be read, but instead neatly separates the text line by line. When visitors pick up a strip of paper from the growing pile created by the shredding process, which is controlled by a timer, they are confronted with sentences such as "Please take this along," "Please rip this up," "Throw the contents of your bag on the floor," or "Please leave the room." Andreas Zybach thus adds a communicative level to his work, initiating a variety of mini-performances. The artist says: "It is the attempt to deal with social questions such as authority and autonomy—also in the context of producing works of art. If there are enough people interested in an idea or a problem, this often results in a spatial implementation. Partially to architecturally represent the diversity of this community to the outside, partially to conceal the problem(s) to be solved."

ROTATING SPACE
2004–2009
Chromstahl, Elektroantrieb, Pflanzensamen, Erde, Wasser / Chrome steel, electric engine, botanic seeds, earth, water
215 x 165 x 315 cm
Courtesy der Künstler und
Galerie Johann König, Berlin
Foto: Andreas Zybach

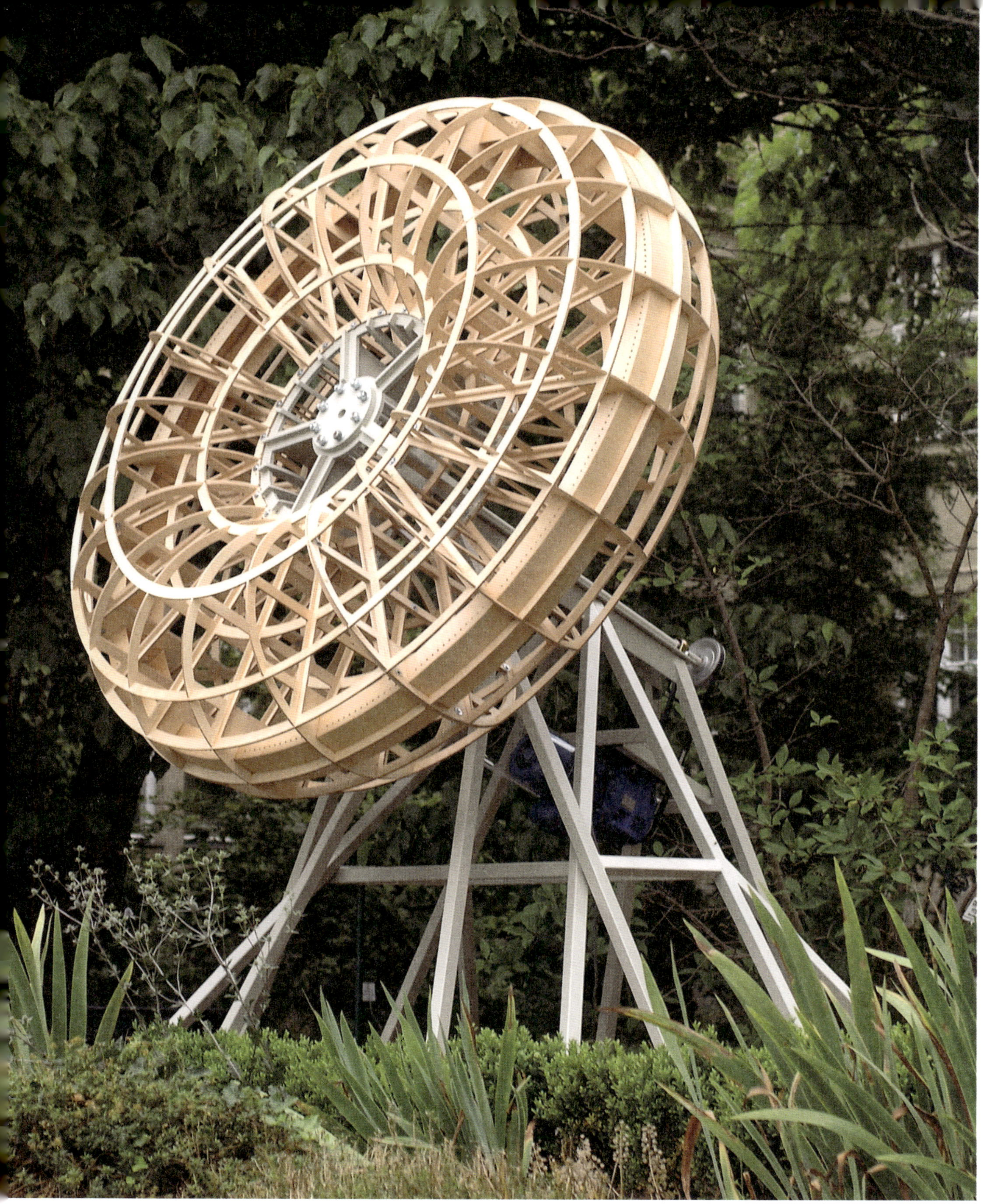

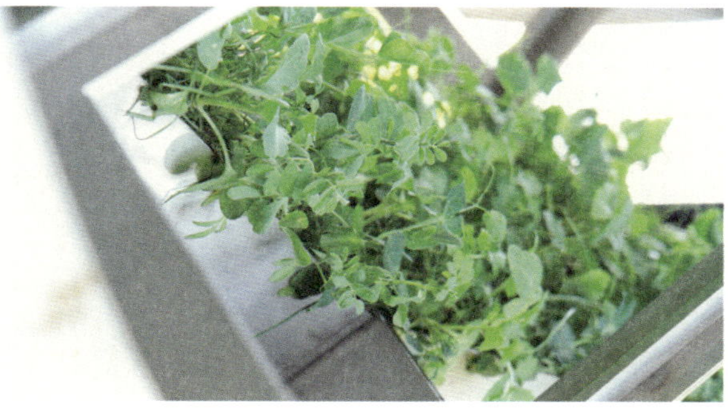

UNTITLED
(GREENWHITEGRAYORANGEYELLOW)
2008
Geschreddertes Papier /
Shredded paper
Größe variabel
Courtesy der Künstler und
Galerie Johann König, Berlin
Foto: Andreas Zybach

IMPRESSUM
COLOPHON

Diese Publikation erscheint anlässlich der Ausstellung /
This catalogue is published on the occasion of the exhibition

ÜBER DIE METAPHER DES WACHSTUMS
ON THE METAPHOR OF GROWTH

Kunstverein Hannover
16. April — 26. Juni 2011

Kunsthaus Baselland
20. Mai — 10. Juli 2011

Frankfurter Kunstverein
27. Mai — 31. Juli 2011

Kunstverein Hannover
Sophienstraße 2
D-30159 Hannover
Telefon: 0049 (0) 511 16 99 278-0
Fax 0049 (0) 511 16 99 278-278
mail@kunstverein-hannover.de
www.kunstverein-hannover.de

Kunsthaus Baselland
St. Jakob-Strasse 170
CH-4132 Muttenz / Basel
Fon 0041 (0) 61 312 83 88
Fax 0041 (0) 61 312 83 89
office@kunsthausbaselland.ch
www.kunsthausbaselland.ch

FRANKFURTER KUNSTVEREIN

Frankfurter Kunstverein
Steinernes Haus am Römerberg
Markt 44
D-60311 Frankfurt am Main
Telefon: 0049 (0) 69 219 314-0
Fax 0049 (0) 69 219 314-11
post@fkv.de
www.fkv.de

gefördert durch die

KULTURSTIFTUNG DES BUNDES

funded by the German Federal Cultural Foundation

Kunstverein Hannover

Vorstand / Board:
Ellen Lorenz,
Jörg Maaß,
Rainer Terliesner,
Gerlinde Harig
Direktor / Director:
René Zechlin
Kurator / Curator:
Ute Stuffer
Assistenz und Koordination / Assistance and coordination:
Angela Lautenbach
Art Handling und Finanzen / Art handling and accountancy:
Marina Neufang
Technik / Technical department:
Rolf Risse
Presse- und Öffentlichkeitsarbeit / Public relations:
Catharina Rahlff-Mackeprang

Mit großzügiger Unterstützung / With generous support

Niedersächsische Sparkassenstiftung
Sparkasse Hannover

und / and Freundeskreis des Kunstvereins Hannover

Der Kunstverein wird vom Kulturbüro der Landeshauptstadt Hannover institutionell gefördert. / The Kunstverein Hannover is sponsored by the Cultural Department of the Landeshauptstadt Hannover.

Landeshauptstadt Hannover Kulturbüro

Kunsthaus Baselland

Direktorin und Kuratorin / Director and curator:
Sabine Schaschl

Assistenz / Assistant:
Margrit Schmid
Finanzen / Accountancy:
René Meyer
Technik / Technical department:
Pia Gisler,
Daniel Jud,
Peter Wenger
Vorstand / Board:
Manuela Eichenberger,
Dr. Hanspeter Schweizer,
Jan Bangert,
René Meyer,
Martin Erny,
Serge Hasenböhler,
Dieter Bopp

Das Kunsthaus Baselland wird unterstützt von / Kunsthaus Baselland is supported by

kulturelles.bl
Kanton Basel-Landschaft
Bildungs-, Kultur- und Sportdirektion

Basellandschaftliche Kantonalbank

MIGROS kulturprozent

NOVARTIS

STANLEY THOMAS JOHNSON STIFTUNG

kulturstiftung des kantons thurgau

RÉPUBLIQUE FRANÇAISE
AMBASSADE DE FRANCE EN SUISSE

Frankfurter Kunstverein

Direktor und Kurator / Director and curator:
Dr. Holger Kube Ventura
Art Handling und Finanzen / Art handling and accountancy:
Lilian Engelmann
Assistenz / Assistant:
Stefanie Spiegelhalder
Sekretariat / Secretarial office:
Gabriele Dagher
Technik / Technical department:
Frein Jäger

Presse- und Öffentlichkeitsarbeit /
Public relations:
Julia Wittwer
Vorstand / Board:
Barbara Bernoully,
Dr. Helga Budde,
Elisabeth Haindl,
Dagmar Hesse-Kreindler,
Philipp v. Ilberg,
Michael Loulakis,
Cornelia-Katrin v. Plottnitz,
Luminita Sabau,
Prof. Dr. Felix Semmelroth,
Dr. Andreas Westhoff

Der Kunstverein wird vom Kulturamt der Stadt Frankfurt am Main institutionell gefördert. / The Kunstverein is sponsored by the Cultural Department of Frankfurt am Main.

KULTURAMT
STADT FRANKFURT AM MAIN

Bibliografische Information der Deutschen Nationalbibliothek: Die Deutsche Nationalbibliothek verzeichnet diese Publikation in der Deutschen Nationalbibliografie; detaillierte bibliografische Daten sind im Internet über http://dnb.d-nb.de abrufbar.

Bibliographic information published by the Deutsche Nationalbibliothek: The Deutsche Nationalbibliothek lists this publication in the Deutsche Nationalbibliografie; detailed bibliographic data are available in the Internet at http://dnb.d-nb.de

cmv
christoph merian verlag
Ein Unternehmen der Christoph Merian Stiftung

© 2011 Kunstverein Hannover,
Kunsthaus Baselland,
Frankfurter Kunstverein,
Christoph Merian Verlag
© 2011 *Texte / Texts:*
Autoren / Authors
© 2011 *Werke / Works:*
Künstler / Artists

Herausgeber / Editors:
René Zechlin,
Sabine Schaschl,
Dr. Holger Kube Ventura
Redaktion / Editing:
René Zechlin, Angela Lautenbach, Hannover
Übersetzung ins Englische /
Translation into English:
George Frederick Takis, Berlin;
Karl Hoffmann, Berlin
Gestaltung / Graphic design:
Sven Michel, Berlin
Lithos / Lithography:
Hausstaetter Herstellung, Berlin
Druck / Printing:
Medialis Offsetdruck GmbH, Berlin
Bindung / Binding:
Buchbinderei Helm, Berlin
Schriften / Typeface:
Quadraat OT, Eagle CG
Papier / Paper:
Innenteil:
Munken Print White 1,5, 115 g/m^2
Cover:
Buchhandelsausgabe / Trade edition
(Hardcover):
Surbalin glatt
Museumsausgabe / Museum edition
(Softcover):
Munken Print White 1,5, 300 g/m^2

Buchhandelsausgabe / Trade edition
ISBN 978-3-85616-534-5

www.merianverlag.ch